축구에 관한 모든 것

16 명승부 명장면

축구에 관한 모든 것 시리즈
16 명승부 명장면

초판 1쇄 발행 _ 2015년 1월 16일
지은이 _ 윤호식
펴낸이 _ 김명석
편집인 _ 김영세
표 지 _ 박정은
마케팅 _ 김미영
제작인쇄 _ 정문사
펴낸곳 _ 도서출판 엘티에스 출판부 "사람들"
등 록 _ 제2011-78호
주 소 _ 서울시 관악구 신림동 103-117번지 5F
전 화 _ 02-587-8607
팩 스 _ 02-876-8607
블로그 _ http : //blog.daum.net/ltslaw
이메일 _ ltslaw@hanmail.net

* 이 책의 판권은 지은이와
  도서출판 엘티에스 출판부 "사람들"에 있습니다.
  양측의 서면 동의 없는 무단전재 및 복제를 금합니다.
* 저자와의 협의하에 인지는 생략합니다.
* 축구에 관한 모든 것 시리즈(전50권)는
  2015년 12월 완간을 목표로 하고 있습니다.
* 축구에 남다른 열정을 가진 분이라면 누구나
  이 시리즈의 저자가 될 수 있습니다.

ⓒ 2015
저자 이메일 hosik829@hanmail.net
ISBN 978-89-97653-86-7 14690
정가 10,000원

Series 16

soccer

축구에 관한 모든것

16 명승부 명장면

윤호식 저

차 례

[서문] 영웅은 승리를 위한 충분조건은 아니지만 필요조건이다.

제1장 국내리그 13

1. 응답하라 1998! 성실한 괴짜 골키퍼의 간절함이 만들어낸 헤딩 골! ………… 11
2. K리그판 다윗과 골리앗. 인간극장 스토리 대전이 일궈낸 눈물의 첫 우승! 17
3. 마지막 지지대 더비를 뜨겁게 달군 3분의 기적 …………………………… 23
4. 공포의 외롱구단, 행복한 2등을 이뤄낸 시민구단의 기적! ………………… 28
5. 오직 한 사람만을 위한 골 뒤풀이, 그리고 그가 남긴 마지막 사진 한 장 37
6. 아시아의 호랑이 울산, 철퇴축구로 K리그 자존심을 지키다 ……………… 42
7. 외나무다리 승부에서 빛난 해병대 정신, 모두의 예상을 박살내다 ……… 48
8. Good Bye 최은성, K리그 클래식 은퇴식의 새로운 역사를 쓰다 ………… 53

제2장 한국 국가대표 61

1. 누군가에게는 도하의 기적, 누군가에게는 도하의 비극 …………………… 63
2. 부딪히고 또 부딪힌다, 간절함이 만들어낸 기적의 추격전 ………………… 69
3. 전차군단 독일을 꺾은 한국의 불가사의한 승리, 월드컵의 아쉬움을 달래다 74
4. 일본의 잔치상에 제대로 코를 푼 박지성 …………………………………… 79
5. 한국 최초 FIFA 주관 월드컵 우승. 세계 최정상에 오른 U-17 소녀들의 기적
………………………………………………………………………………… 85
6. 광저우를 수놓은 뜨거운 청춘들의 하나된 마음. 그리고 지켜낸 마지막 자존심
………………………………………………………………………………… 92
7. 벼랑 끝에서 대한민국을 구한 풋내기, 손세이셔널 손흥민의 첫 걸음 …… 97
8. 팀보다 위대한 선수는 없다. 무실점 금메달을 이뤄낸 인천 아시안게임의 위엄
………………………………………………………………………………… 102

제3장 해외 리그　　　　　　　　　　　　　　　　　　　　　111

1. 역사적인 맨유의 트레블. 막판 15분에 모든 걸 건다 ················· 113
2. 유럽의 중심에서 '박지성'을 외치다. 비난을 환호로 바꾼 성실함의 대명사　119
3. You'll never walk alone. Believe you can do it and we will. ············ 125
4. 축구를 즐기는 외계인, 적진의 심장에서 기립박수를 이끌어내다 ············ 132
5. 난투극과 동업자 정신이 공존한 결승전. 신속한 응급처치의 중요성을 남기다.
   ·· 141
6. Mr. Increbi'Bale'! 당돌한 풋내기의 멈출 수 없는 폭풍 질주 ············ 147
7. 맨시티 우승을 위한 마지막 퍼즐 조각. 이보다 더 좋을 순 없다! ········ 152
8. 챔피언스리그 결승전 최초의 더비 매치! 드디어 이뤄낸 라 데시마! ········ 158

제4장 해외 국가대표　　　　　　　　　　　　　　　　　165

1. 화끈한 삼바 축구의 믿음직한 공격형 수비수. 무패 우승의 신화를 쓰다 ·· 167
2. 희비가 엇갈린 두 영웅의 페널티킥. 백년전쟁의 종지부는 마에스트로가 찍었
   다 ··· 173
3. 승리를 향한 열정, 유로 2008 최고의 신데렐라 터키가 진정한 끈기를 보여주
   다 ··· 181
4. 가장 기쁜 순간 펼쳐지는 가장 슬픈 골 뒤풀이, 스파이더맨의 추억 ········ 187
6. 기본에 충실한 남자, 평범함을 넘어 특별함을 뽐내며 하늘 위 친구를 추억하
   다 ··· 192
5. 무승부가 보여줄 수 있는 최고 수준의 경기. 전술 대 전술이 맞붙다 ······ 199
7. 토탈싸커 대 티키타카. 신구 조화에 성공한 네덜란드의 화끈한 대설욕전! 205
8. 감정적인 브라질을 압도한 이성적인 독일. '미네이랑의 참극'을 선물하다 · 210

필자 서문

"영웅은 승리를 위한 충분조건은 아니지만 필요조건이다."

피 튀기는 혈전, 총성 없는 전쟁, 생사가 걸린 스포츠. 축구를 표현하는 수많은 수식어는 모두 승리를 위해 존재한다. 그리고 가장 흔히 쓰이고 많은 공감을 얻는 표현은 '각본 없는 드라마'다. 극적인 결승골, 아슬아슬한 태클, 가슴이 뻥 뚫리는 드리블, 박진감 넘치는 몸싸움. 푸른 그라운드에서 22명이 펼치는 드라마에 수만, 수억 명의 축구팬은 희로애락을 느낀다. 뻔하디뻔한 이야기라고 말할 수도 있다. 하지만 축구에서는 평생 잊히지 않는 각본 없는 드라마, 즉 명승부가 어김없이 등장한다.

축구란 공놀이에서 승리하기 위한 명제는 간단하다.

"영웅은 승리를 위한 충분조건은 아니지만 필요조건이다."

축구는 11명이 함께 뛰는 팀 스포츠다. 단순히 월등한 실력을 자랑하는 한 명이 잘한다고 해서 승리를 보장하진 않는다. 결승골을 넣은 자가 주인공인가? 그 뒤에는 공을 뺏은 선수, 패스를 이어준 동료, 열정적으로 응원하는 팬이 있다. 하지만 명승부에서는 언제나 경기를 뒤집는 영웅이 필요하다. 극적인 순간, 엄청난 부담감을 이겨내고 기어이 승리를 이끌어내는 영웅은 팬들의 뇌리에 영원히 남는다.

월드컵, 아시안 컵, 챔피언스리그, K리그 등 중요한 경기에서 맹활약한 영웅들이 많다. 이들은 필자를 비롯해 수많은 팬들에게 두고두고 회자되는 선수들이며, 우리에게 희망을 선물했다. 꼭 결승골을 넣어야만 영웅이 되는 것은 아니다. 각기 다른 국적, 나이, 포지션, 플레이스타일을 자랑하지만, 묘한 공통점이 있다. 그들은 경기장에 들어서는 순간 자신의 모든 에너지를 열정적으로 쏟아낸다. 감당할 수 없는 두려움을 이겨내고 용기를 가지고 도전한다. 그리고 이런 과정을 즐긴다. 이러한 마음가짐이 비단 축구에만 필요한 덕목일까? 축구가 곧 인생이라 말하는 건 무리지만, 축구를 좋아하는 팬으로서 나도 이들처럼 살고 싶다. 더 많은 감동적인 이야기, 내 생애 최고의 명승부는 아직 찾아오지 않았다고 믿으며 오늘도 축구를 봐야겠다. 아니 인생을 살아야겠다. 그깟 공놀이가 내 인생을 책임지지는 않지만, 생각보다 꽤 많은 부분 행복한 추억을 만들어 주었으니 말이다. 더 많은 사람이 인생이란 '명승부'에서 '명장면'을 만들어 나가는 영웅이 되길 바란다. 특히 내가 사랑하는 가족, 친구, 소중한 이들 모두가. 또한 내가 아끼는 모든 사람들이 영웅이 될 수 있도록 나는 조금씩, 천천히, 하지만 확실하게 조력자가 되어 내 몫을 다해야 겠다. 감사의 마음을 담아서!

※ 2002년 한일월드컵 4강, 2014년 런던올림픽 동메달은 포함하지 않았습니다. 조별예선부터 매 경기가 명승부였고, 국민 모두가 절대 잊지 못할 경기였기에 따로 이야기를 풀어내지 않았습니다.

※ Especially Thanks to Amie.

제1장
국내 리그

제1장 국내 리그

1. 응답하라 1998! 성실한 괴짜 골키퍼의 간절함이 만들어낸 헤딩 골!

"내 뒤에 공은 없다."
- 김병지

▲ 70년생으로 여전히 현역에서 맹활약을 펼치는 김병지. 동기가 감독, 코치로 활약할 때도 지금도 주전 골키퍼로 필드를 누비고 있다.

그의 말대로 그는 대한민국 골키퍼, 나아가 축구의 전설이다. 500, 600경기를 넘어 한 경기 한 경기 신기록을 써내려가는 살아있는 전설 김병지. 웬만한 팀의 감독, 코치보다 나이가 많은 그는 여전히 현역이다. 언제나 한결같은 수비력을 보여주는 그의 기록을 살펴보면 골키퍼란 포지션에 어울리지 않게 '3골'이란 기록이 남아 있다. 페널티킥 2골은 그렇다 쳐도 나머지 한 골은 신기하게도 헤딩골이다. '골 넣는 골키퍼'로 유명한 파라과이의 칠라베르트처럼 프리킥 골도 아닌 최전방 골문 앞에서만 가능한 헤딩골이라니? 그의 특이한 헤딩골 이력은 포항과 울산의 피 튀기는 플레이오프에서 나왔다.

울산과 포항은 전통적인 K리그 명가로 항상 우승을 다투었다. 현대중공업과 포스코라는 모기업의 든든한 후원 속에 지속적으로 선수, 감독에 투자했고 그 결실은 프로 무대에서 드러났다. 울산의 고재욱 감독은 스타플레이어들을 하나의 팀으로 묶어내는 지략이 돋보였다. 그리고 포항 역시 국내 최초 프로팀 통산 200승을 달성하며 전통을 쌓아나가고 있었기에 두 팀 모두 만만치 않은 전력이었다.

▲ 1998 프랑스 월드컵 최고의 수확은 김병지의 선방쇼였다.
네덜란드에게 5골을 허용했지만 누구도 비난할 수 없는 활약을 펼쳤다.

치열한 공방전 속에 1차전은 포항의 3대 2 승리로 끝났고, 모두가 포항의 결승 진출을 예상했다. 포항은 1차전에서 극적인 역전승을 거두며, 기세가 하늘을 찌를 정도였다.

　스틸야드에서 열린 1차전은 화끈한 골 잔치였다. 전반 16분 울산의 정정수가 프리킥 골을 넣자, 포항의 김명곤이 후반 12분 동점 골을 넣었다. 1차전 승리의 중요성을 양 팀 모두 잘 알고 있었기에, 체력적인 부담에도 거친 몸싸움이나 활발한 오버래핑을 쉬지 않고 시도했다. 치열한 공방전은 쉽게 끝나지 않았다. 경기 종료 직전 최문식의 감각적인 골로 포항이 앞서 나갔지만, 다시 후반 48분 울산 김종건이 헤딩골을 터뜨리며 저력을 보여줬다. 하지만 강력한 신인왕 후보 백승철이 3분 후에 경기 종료와 함께 역전 골을 넣으며 포항의 승리를 이끌었다. 이보다 더 짜릿한 명승부가 있을까? 하지만 놀랍게도 진짜 명승부는 3일 후 2차전에서 펼쳐졌다.

　3일 후 울산 종합운동장에서 열린 2차전에는 무려 31,350명의 관중이 모였다. 1차전의 공격 축구와 울산의 끈질긴 투혼에 감동한 관중들은 한목소리로 울산의 역전을 응원했다. 하지만 포항은 영리한 수비수 안익수를 중심으로 조심스러운 경기 운영을 했다. 유효 슈팅이 1개에 불과할 정도로 포항은 안정적이고 지키는 축구를 했지만, 울산에는 가물치 김현석이 있었다. 후반 26분, 프리킥의 달인 김현석은 팬들의 바람대로 왼쪽 바깥에서 선제골을 꽂아 넣었다. 하지만 포항 역시 박태하가 후반 40분 동점 골을 터뜨리며 유리한 고지를 점했다. 이대로 경기가 끝난다면 골 득실 차이로 포항이 결승에 올라갈 상황이었다.

▲ 루게릭병 환자를 돕는 아이스버킷 챌린지에 참여하며
SNS 활용의 모범을 보여주는 김병지

후반 45분 경기장의 시계는 멈추었고, 울산은 마지막 프리킥 기회를 잡았다. 역전 골을 넣지 못하면 떨어지는 울산에게 다음 경기란 없었다. 골키퍼 김병지까지 공격에 가담했고, 김현석은 간절한 마음으로 공을 띄웠다. 그때! 누구도 예상치 못한 일이 벌어졌다. 꽁지머리를 휘날리는 김병지가 뛰어 올라 머리로 공의 방향을 바꾸었고, 이는 곧장 포항의 골문을 흔들었다. 극적인 울산의 2대 1 승리였다. 두 팀의 골 득실이 같아서 연장전에 돌입했고, 이때도 경기의 주인공은 개성 넘치는 김병지였다. 그는 연장 30분을 무실점으로 이끌었고, 승부차기에서도 고정운의 킥을 막아내며 승부차기 4대 1 승리의 주역이 되었다.

극적인 김병지의 헤딩 골은 CNN을 비롯한 여러 외신에 소개될 정도로 극적이었고, 김병지 역시 "그 모든 경기 중 제일 멋진 경기, 제일 가슴 속에 남아있는 경기였고, 축구 선수 김병지라는 이미지를 팬들에게 가장 멋지게 심어줬던 경기였다."며 추억을 회상했다.

극적인 헤딩골은 단순히 요행에서 나온 것이 아니다. 김병지는 어린 시절 163cm란 작은 키와 열악한 환경에서도 축구에 대한 끈을 놓지 않았다. 재능과 헌신적인 노력을 더해 그는 상무를 거쳐 1992년 울산 현대 호랑이에 입단하며 프로 무대에 올라섰다. 프로 입단 후 20년이 넘도록 체중(78kg)을 유지하며 초심을 잃지 않는 그는 진정한 프로다.

울산, 포항, 서울, 경남, 전남을 거치며 수많은 클럽이 그를 원하는 이유는 단순히 골을 잘 막아서가 아니다. SNS로 팬들과 적극적으로 소통하고, 후배들에게 본보기가 될 정도로 누구보다 최선을 다해 훈련하고 생활하기 때문이다. 그의 이런 준비된 노력과 성실함이 없었다면 98년 골키퍼의 헤딩 골이란 극적인 신화는 없었을 것이다.

2. K리그판 다윗과 골리앗. 인간극장 스토리 대전이 일궈 낸 눈물의 첫 우승!

2014년 K리그 챌린지 14경기 무패 행진. 쾌적한 클럽하우스 덕암 축구센터. U-18(충남기계공고), U-15(유성중)부터 유치원 축구교실인 퍼플클래스까지 구축된 유소년 시스템. 1997년 K리그에 첫 발을 내디딘 시민 구단 대전 시티즌은 승승장구 중이다.

▲ 아마추어, 대학교, 프로팀 모두가 모여 최강자를 가리는 FA컵!

열성적인 팬들로 유명한 대전 시티즌의 역사 속 가장 찬란했던 순간은 2001년이다. 가장 힘들었고, 열악한 상황이었지만 팀이 하나로 똘똘 뭉쳐 기적 같은 창단 첫 우승을 이뤄냈기 때문이다. 그리고 포항과의 피 튀기는 사투는 지금도 팬들 사이에서 가장 짜릿한 순간으로 손꼽히는 명승부다.

▲ 대전시티즌의 우승을 이끈 스트라이커 김은중. 결승전에서도 기회를 놓치지 않는 집중력을 뽐냈다.

월드컵 유치 붐에 발맞춰 대전시는 지역 내 향토기업인 계룡건설, 충청은행, 동아건설, 동양백화점의 컨소시엄으로 대전 시티즌을 창단했다. 하지만 IMF의 여파로 모기업이 무너지고 자연스럽게 대전 시티즌에도 역시 해체 위기가 다가왔다. 허름한 숙소를 전전하고, 식단도 형편없었다. 축구에만 전념해야 할 프로 선수들이 손수 빨래를 하고 빈 훈련장을 찾아 먼 곳까지 이동하는 힘겨운 시기였다. 이런 상황은 KBS〈인간극장〉의 소재로 방영될 만큼 안타까웠다. 국내 최상위 리그에서 뛰는 선수들에게는 자존심 상하는 일이었다. 하지만 구단의 존폐가 걸린 시기에 대전 시티즌은 어려운 형편을 불평할 여유조차 없이 그저 훈련에 몰두해야만 했다.

프로와 아마추어가 총출동하는 FA컵은 대전에겐 기회였다.

단판 승부로 펼쳐지는 경기 특성상 대전의 투혼과 집중력이 빛났기 때문이었다. 16강에서 실업축구의 강자 강릉시청을 제압했고, 8강에서도 스타가 즐비한 안양LG를 2대 1로 이겼다. 하지만 4강 전북현대는 만만치 않았다. 공격에는 김도훈, 수비에는 최진철이라는 당시 최고의 선수가 버티고 있었고 2000년 FA컵 우승팀답게 위협적인 공격을 퍼부었다. 결국, 대전은 전반 22분 최진철에게 헤딩골을 허용하며 0대 1로 패색이 짙었다. 하지만 당시 곱상한 외모와 빼어난 실력으로 최고의 인기를 누리던 단짝 이관우와 김은중이 팀을 구해냈다. 후반 28분 이관우의 정확한 크로스를 김은중이 넣으며 경기를 원점으로 되돌렸다. 신예들이 만든 기회를 맏형 최은성이 마무리했다. 그는 서동원, 최진철의 킥을 막아내며 대전의 첫 FA컵 결승 진출을 이끌었다.

눈물 없이 볼 수 없는 대전의 돌풍은 포항이란 거대한 벽에 부딪혔다. FA컵 초대 우승팀 포항은 포스코의 든든한 후원을 받고 있었고 김병지, 하석주, 이동국은 물론 코난, 싸빅 등 압도적인 전력을 자랑했다. 게다가 4강에서 훌륭한 경기를 펼치며 상승세를 타고 있었다. 특히 김병지는 전반 34분 정정수, 전반 44분 김현석의 페널티킥을 연이어 막아내며 최고의 컨디션을 자랑했다. 공격과 수비가 안정적인 포항은 국내 최초 통산 200승을 달성한 승리하는 법을 아는 팀이었다. 반면 대전은 성한수, 이관우, 정영훈, 김영근 등 팀의 주축 선수들이 체력적 부담과 크고 작은 부상으로 힘들어했다. 게다가 결승 무대가 처음이라 경험의 차이에서 포항 베테랑에 밀렸다. 결국, 결과가 뻔히 보이는 다윗과 골리앗의 싸움이란 예상이 지배적었다.

*"여기까지 와서 만족하는 선수는 없는 거야.
마지막 남은 게임 이기고 만족하자."*
- 최은성

주장 최은성은 대전 시티즌 선수들을 불러 모으고 진심 어린 말을 내뱉었다. 그들의 아름다운 돌풍, 헝그리 정신의 투혼은 준우승에 그칠 수 없었다. 오직 우승을 위해 절대 지지 않겠다는 마음으로 경기장에 나선 대전 시티즌은 무기력하고 패배 의식에 젖은 꼴찌 팀이 아니었다.

▲ 모기업의 부도로 열악한 환경에서도 우승을 이뤄낸 대전, '투혼'이란 단어가 가장 잘 어울리는 구단이었다.

초반부터 거친 몸싸움과 빠른 패스로 경기를 주도하던 대전은 포항을 당황케 했다. 하지만 전반 14분 최은성이 쓰러지며 팀에 엄청난 위기가 닥쳤다. 대전에서 최은성은 단순히 주전 골키퍼 이상의 큰 의미, 대전의 정신 그 자체였다. 그런 중요한 선수가 포항 공격수 박태하와 공중 볼을 다투다 크게 충돌해 구급차에 실려나간 것이다. 얼굴을 심하게 다친 최은성은 경기를 뛸 수 있는 상태가 아니었다.

하지만 최은성의 부상으로 대전은 더욱 하나가 되었다. 몸을 아끼지 않는 최은성의 투혼에 감명 받은 11명의 선수는 포항의 공격을 겨우 막아내며 팽팽한 접전을 계속했다. 그리고 마침내 후반 8분 극적인 결승골이 터졌다. 이번에도 팀을 위기에서 매번 구해낸 대전의 자랑 김은중의 발끝이었다. 김은중은 공오균의 감각적인 패스를 침착하게 잡고, 빠르고 정확한 오른발 슈팅으로 연결했다. 반사 신경이 좋은 김병지조차 막을 수 없는 완벽한 결승골이 터진 순간이었다. 다급해진 포항은 거듭 측면과 중앙을 넘나들며 위협적인 공격을 펼쳤다. 이동국의 일대일 기회는 선방에 막혔고, 코난의 슈팅은 골대에 맞으며 대전을 도왔다. 결국, 포항은 온몸으로 막아내는 대전의 수비에 막혀 그대로 패배했다.

창단 첫 우승의 감동에 기쁜 선수들과 팬은 땀과 눈물로 뒤범벅이었다. 우승 상금 1억 원은 그들에게 절실한 돈이었고, 우승이란 명예는 돈으로도 살 수 없는 값진 것이었다. 그리고 결승골, MVP의 주인공 김은중은 가슴 아픈 사연으로 주변을 더욱 마음 아프게 했다. 그는 고등학교 시절 공에 강하게 맞은 후 왼쪽 눈의 시력을 잃었다. 김은중은 그동안 팀 동료와 코치에게까지 아픔을 털어놓지 않고 묵묵히 경기에 임했다. 더군다나 대전 감독 이태호 역시 현역 시절 한쪽 눈이 실명되는 부상을 겪었기에 그 아픔에 공감했다. 슈팅, 헤딩, 몸싸움, 태클, 공간 침투. 모든 요소에서 원근감이 다른 선수보다 떨어졌지만, 김은중은 타고난 감각과 뼈를 깎는 훈련으로 공격수에겐 치명적인 핸디캡을 극복한 것이었다. 결국, 만년 꼴찌 대전은 최은성, 김은중의 투혼과 나머지 선수, 팬들의 하나 된 마음으로 첫 우승이란 달콤한 축배를 들었다. 돈으로는 살 수 없는 우승의 기쁨을 대전 시티즌이 정신력과 투혼으로 당당히 거머쥔 순간이었다.

3. 마지막 지지대 더비를 뜨겁게 달군 3분의 기적

K리그를 대표하는 '지지대 더비'가 10년 만에 '오리지널 클래시코'로 돌아왔다. '지지대 더비'는 수원과 안양을 잇는 1번 국도 고개인 지지대에서 유래한 더비로 가장 뜨겁고 격렬했던 경기였다. 시작은 신경전이었지만, 언제나 끝은 전쟁과 버금가는 혈투였다.

수원과 불화를 겪은 조광래 코치가 안양의 감독으로 가며 악연은 시작되었다. 게다가 안양 소속 에이스 서정원이 프랑스 리그 진출 이후 한국으로 돌아오며 안양이 아닌 라이벌 수원의 푸른 유니폼을 입었다. 게다가 안양을 상대로 그림 같은 오버헤드킥 골에 성공하며 맹활약한 서정원은 양 팀 팬들의 싸움에 기름을 퍼부었다. 그 이후 두 팀은 돌아올 수 없는 강을 건넌 앙숙으로 거듭났다. 안양팬은 수원을 '닭날개', 수원팬은 안양을 '치토스'라 조롱하며 극심하게 다투고 응원을 넘어 감정싸움까지 번질 정도였다. 하지만 안양LG와 수원블루윙즈가 펼친 K리그 사상 최고의 더비 매치는 2003년을 마지막으로 명맥이 끊겼다.

▲ FC안양이 창단되며 명맥이 끊긴 수원과 안양의 지지대 더비가 오리지널 클래시코로 새롭게 태어났다.

안양LG가 서울로 연고지 이전을 하며 무기한 연기되었기 때문이다. 그리고 그 치열한 승부가 다시 돌아왔다. 2014년 FA컵 32강 대진표는 'FC안양 대 수원블루윙즈'였다. 2013년 FC안양이 창단하며 새롭게 K리그 챌린지에 뛰어들었고, 악연인지 필연인지 두 팀은 32강에서 맞붙었다.

11,724명이란 많은 관중은 돌아온 지지대 더비를 기대했다.

안양·수원의 악연의 중심 서정원은 어느덧 수원 감독이 되었고 어린 선수들을 대거 기용하며 경기를 대비했다. 안양 선수들은 반드시 이기려는 의지를 불태우며 후반 8분 정재용이 침착한 슈팅으로 골을 넣으며 오히려 수원을 앞서나갔다. 하지만 수원의 역전 드라마는 후반 43분부터였다. 안양 수비수 정현윤이 자책골을 넣으며 경기는 원점으로 돌아갔기 때문이다. 그리고 후반 추가시간 서정진이 혼전 중에 공을 차 넣어 경기는 2대 1 극적인 수원의 승리로 끝났다. 이는 10년 전 2003년 10월 8일과 평행이론을 성립했다.

▲ K리그 최초 외국인 MVP 나드손. 연이은 득점 행진으로 강렬한 인상을 팬들에게 심어주었다.

안양 종합 운동장의 주인공은 외국인 최초 MVP, 원샷 원킬 천재 골잡이 '나드골'이라 불리는 사나이 나드손이었다.

"올 시즌은 절반만 남았으니 20골 정도 넣고 싶다."
- 나드손

2003년 수원은 상반기 부진을 만회하고자 브라질 올림픽 대표팀 출신 나드손을 영입했다. 170cm의 작은 스트라이커는 시종일관 자신만만하게 웃으며 한국 무대에 대한 포부를 밝혔다. 그의 인터뷰는 다소 거만하게 들릴 수 있었지만, 안양 원정에서 자신의 진가를 보여주었다. 이번에도 출발은 안양의 몫이었다. 전반 39분 박요셉의 강력한 골로 안양은 승기를 잡았다. 지난 경기에서 안양 출신 서정원, 뚜따에게 골을 먹으며 3대 1 완패를 당했기에 더욱 질 수 없는 경기였다.

그러나 후반 41분 나드손이 혼전 중에서 정확한 슈팅으로 골망을 흔들며 악몽은 시작되었다. 그리고 2분 후, 나드손은 침착한 오른발 슈팅으로 다시 안양에 비수를 꽂았다. 나드손의 말은 허풍이나 자만심이 아니었다. 2003년 리그가 끝나고 그의 1경기 1골 공약은 허풍이 아니었음을 스스로 증명했다. 특히 결승 골을 곧장 터뜨리며 큰 경기에 강한 모습을 선보였는데, 이날 선보인 3분에 2골은 전설처럼 전해지는 명승부였다.

나드손은 수원 소속으로 100경기도 뛰지 않았다. 하지만 이병근(277경기), 박건하(277경기), 이운재(189경기), 서정원(185경기) 등 어마어마한 고참 선수들 사이에서 2006년 전문가, 팬 투표로 뽑은 '수원 10주년 베스트 일레븐'에 이름을 올릴 정도였다. 폭발적인 순간 스피드와 간결한 개인기, 골문 앞에서 보여준 침착함은 나드손만의 장점이었다. 게다가 골을 넣은 후 유쾌하게 추는 삼바 댄스는 팬들의 많은 사랑을 받았다. 특히 이 경기에서 보여준 3분에 2골, 기적 같은 집중력은 수원 팬, 혹은 안양 팬의 뇌리에서 절대 잊혀지지 않을 것이다. 좋은 의미로든, 나쁜 의미로든! 앞으로 돌아온 지지대 더비 혹은 오리지널 클래시코가 다시는 멈추는 일이 없기를 모두가 바라고 있다.

▲ FC안양과 FC서울이 맞붙는 경기를 기대한다. K리그 최고의 스토리텔링이 될 수 있는 가능성이 충분하다.

4. 공포의 외롱구단, 행복한 2등을 이뤄낸 시민구단의 기적!

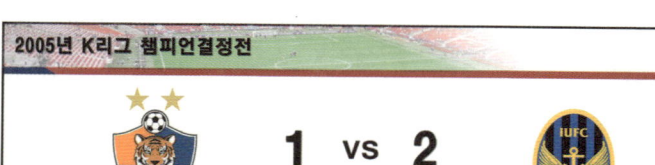

"세상은 2등, 3등은 아무도 기억하지 않는다.
오로지 1등만 기억할 뿐이다."

▲ K리그 다큐멘터리 영화의 등장

잔인하지만 지독하게 현실적인 이 말은 스포츠에선 더더욱 와 닿는 말이다. 모든 스포트라이트는 우승팀에 맞춰지고, 결승골을 넣은 선수는 모든 팬들의 사랑을 독차지한다. 하지만 2005년 K리그는 조금 달랐다. 챔피언 결정전 1대 5 대패. 이미 승부의 추는 기울었고, 2차전에서도 결국 기적은 일어나지 않았다. 패배자는 눈물을 흘리며 아쉬워하고, 승자의 뒤편에서 쓸쓸히 퇴장할 일만 남았다.

하지만 2등 인천 유나이티드는 웃었다. 그들이 이뤄낸 기적에 감사하며, 울산까지 먼 길을 찾아온 400여 명의 팬들에게 고개를 숙이기보단 자랑스럽게 가슴을 활짝 폈다. 그들의 감동적인 휴먼 스토리는 그대로 사라지기 아쉬운 소재였다. 결국 2005년 인천의 돌풍은 튜브픽쳐스 임유철 감독이 스크린으로 옮겼다. 4억 5천만 원 정도의 저예산 영화였지만, 인천이 이뤄낸 기적을 담기엔 부족하지 않았다. 실화가 주는 힘은 그 어느 것보다 강했기 때문이었다.

39,072명. 스포츠 다큐멘터리 영화 〈비상〉을 관람한 관객 수다. 독립영화로 상영관조차 변변치 않았지만(서울 4개관) 입소문을 타며 지방 확대 개봉 및 추가 상영에 성공했다. 극장가 최대 성수기인 12월에 블록버스터 영화가 쏟아지는 걸 고려하면 더욱 놀라운 수치다. "라돈 야 임마, 투게더!"란 명대사를 남긴 영화의 주인공은 인천 유나이티드였다. 그들은 철저히 언론의 중심에서 벗어난 가난한 시민구단이었다. 국가대표도, 스타선수도 없었다(창단 멤버 알파이 외질란은 기대 이하였다. 2002년 월드컵 터키 국가대표로 뛰었고, 프리미어리그 아스톤 빌라에 몸담으며 많은 팬들의 기대를 불러 모았다. 하지만 인천 구

단과 불화를 일으키며 8경기 만에 J리그 우라와 레즈로 이적했다). 2004년은 K리그 13팀 중 12위로 마무리했다(전기 리그 꼴찌, 9전 2승 3무 7패). 전용구장이 없어 1시간 30분 훈련을 위해 3시간을 이동해야 했다. 하지만 그들의 매 경기 온 힘을 다하는 뜨거운 열정과 패배를 두려워하지 않는 투지는 어느 팀보다 뛰어났다. 물론 그들의 준우승 신화는 애초에 누구도 예상하지 못한 일이었다. 심지어 그들 자신조차도.

공포의 외룡구단 인천의 첫걸음은 장외룡 수석 코치가 감독으로 정식 임명되면서 시작했다. 인천 출신 프랜차이즈 스타 최태욱을 J리그 시미즈S펄스에 팔았고, 주장 김현수도 전남으로 트레이드했다. 다른 팀처럼 화려한 스타를 데려올 여력이 없었다. 울며 겨자 먹기로 간판스타도 팔아야 했던 장외룡은 알짜배기 선수를 영입하며 팀을 정비했다. 무엇보다 팀을 가득 메운 패배 의식을 뿌리 뽑기 위해 노력했다. 최고 스타에서 문제아로 전락한 서동원, 부상으로 2군 훈련장을 전전한 이상헌, 키가 작다는 단점이 뚜렷한 전재호, 제멋대로 행동하는 말썽꾸러기 라돈치치 등 사연은 다양했다.

> *"내겐 인천의 엠블럼이 곧 태극마크였다."*
> *- 주장 임중용*

장외룡 감독은 제일 먼저 임중용을 주장으로 선임했다. 굴곡이 많은 프로 인생을 산 임중용은 인천의 상징으로 거듭났다. 누구보다 자신을 희생하는 일에 주저하지 않았고, 언제나 궂은

일은 나서서 하는 수비수였다. 온몸으로 공격을 막아내며 실신도 하고, 부상을 참고 뛰는 일이 비일비재했던 그는 인천의 전설이다. 8년 동안 219경기 6골 2도움이란 기록이 전부다. 300경기 출장, 100골 돌파, 우승 경험 같은 기록은 없지만 그는 단순히 수치로 기억될 수 없는 특별하고 소중한 선수였다. 그를 중심으로 장외룡 감독의 노력은 하나도 빠짐없이 선수들에게 전달되었고, 그들은 서서히 하나의 팀으로 변했다. 창단 초반 선수들 간의 트러블은 조금씩 사라졌고, 오직 '승리'라는 목표를 위해 함께 뛰는 가족으로 거듭났다.

▲ 축구밖에 모르는 장외룡 감독

7승 3무 2패.

장외룡 감독은 정확한 목표를 설정했고, 이를 실제로 이뤄냈다. 인천의 장단점을 분석하고, 상대 팀의 전력을 철저히 파악한 그는 점쟁이가 아니라 전략가였다. 장외룡 감독은 일본 유학 동안 한국인 최초로 일본 최고지도자 자격증(S급)을 따낸 그는 악바리였다. 200~300개씩 왼발 킥 훈련을 혼자 하던 독종은 선수 시절처럼 지도자 생활 내내 오로지 축구밖에 모르는 사람이었다. 쓰고 다니는 모자에도 축구 관련 메모가 빼곡했고, 축구 일지는 세심한 정보로 가득했다. 매킨토시를 끼고 다니며 축구 경기 분석에 몰두했지만, 그것밖에 할 줄 모르는 철저한 기계치였다. 그는 항상 페어플레이를 강조했고, 선수들을 존중하는 참된 지도자였다.

그의 진가는 전반기 FC서울과의 경기에서 제대로 드러났다. 4월17일 FC서울전은 인천 홈경기였지만, 홍보의 중심은 오로지 박주영이었다. 대형 신인 박주영은 당시 최고의 흥행 카드였다. 계속되는 연패로 관중몰이가 시원치 않던 인천은 자존심을 버리고 박주영을 홍보 현수막 주인공으로 선택했다. 자존심 상하는 일이었지만 관중을 모을 수만 있다면 그 정도는 아무 문제가 되지 않았다. 실제로 평상시 약 4~5천 명이 찾던 경기장은 2만여 명의 인파가 몰렸다. 그들이 처음에는 '박주영'을 보러 왔을지라도 경기가 끝난 후에는 모두가 '인천 유나이티드'를 기억했다. 2군에서 기본기 훈련만 하던 골칫덩이 라돈치치가 2골을 뽑아내며 3대 2 펠레스코어로 서울을 무찔렀기 때문이었다.

컵 대회가 끝나고 경기를 치를수록 인천은 자신감과 조직력으로 똘똘 뭉친 팀으로 변해갔다. 포항, 울산을 상대로 홈에서 2연승을 하며 출발한 전기 리그는 특히 그랬다. 전남을 상대로 3대 1 역전승을 거두며 4연승을 기록했고, 부산과 치열한 선두 다툼을 벌였다. 아쉽게 승점 1점 차이로 부산(7승 4무 1패, 승점 25점)에게 전기 리그 우승을 내줬지만, 기세는 이미 오를 대로 오른 상태였다. 외국인 선수 라돈치치, 셀미르, 아기치는 톡톡히 제 몫을 했고, 서동원과 전재호는 꾸준히 경기에 출전하며 중원을 지배했다. 임중용, 이정수가 이끄는 수비는 탄탄했으며 최후방을 지키는 김이섭은 국가대표에도 이름이 오르내릴 정도로 훌륭한 선방을 보여주었다. 노장과 신인의 조화로 일궈낸 짜임새 있는 조직력은 인천의 가장 큰 무기였다.

결국 후기리그 원정 4연전 역시 3승 1패로 마무리하며 상승세를 이어갔다. 뒤이어 서울, 부천, 대구, 수원, 부산을 상대로 3승 3무를 거두며 승점을 차곡차곡 쌓아갔고, 결국 창단 2년 만에 통합 1위에 등극했다. 승점 45점, 13승 6무 5패. 인천은 전통의 강호 울산을 제치고 통합 1위에 올랐다. 장외룡 감독은 시민구단 인천의 열풍이 단순한 반짝 상승세가 아니라 진정한 실력이란 걸 손수 입증했다. 11월 22일 부산과의 4강전 역시 4백이란 변칙 전술을 준비하며 2대 0 깔끔하게 승리했다. 부상으로 많은 시간 호흡을 맞추진 못했지만 장외룡 감독의 선택을 받은 베테랑 이상헌은 선제골을 뽑아내며 기대에 부응했다. 그리고 운명의 결승 상대는 울산 현대였다.

스타 플레이어가 즐비한 구단이었지만 인천은 울산이 두렵지 않았다. 정규리그 2전 2승으로 상대 전적에서 우위에 있었기 때문이었다. 홈에서도 1대 0으로 이겼고, 부담스러운 울산 원정에서도 2대 1로 승리했다. 게다가 1차전이 인천 홈에서 치러지기 때문에 유리한 고지에 있었다. 하지만 준우승 기록이 유독 많은 울산은 우승을 위한 동기 부여가 너무나도 잘 된 팀이었다(1996년 이후 준우승을 4차례나 했다). 그리고 그 중심에는 슈퍼스타 이천수가 있었다. 인천 부평중, 부평고 출신인 이천수는 최고의 컨디션을 자랑했고, 고향 팀에 자비란 없었다. 전반 13분 마차도의 골을 이끌어낸 날카로운 크로스는 시작에 불과했다. 전반 37분 25m 프리킥을 그림 같은 골로 연결했고, 전반 종료 직전엔 왼발로 골을 뽑았다. 마차도의 추가골로 승부가 기운 4대 0 상황에서도 후반 27분 빠른 드리블에 이은 강슛으로 해트트릭을 완성했다. 후반 44분 라돈치치의 골로 겨우 영패를 면했지만, 인천에게 너무나 충격적인 패배였다.

> "사람들 모두 우승은 울산이라고들 말했다.
> 그래, 좋다. 사실 숫자상으로도 힘든 것이 사실이니까.
> 하지만 사람이 살아가는데 불가능이란 없다는 것도 알아 두자.
> 모두 사람이 하는 일이다. 우리가 여기까지 올라오는 것도
> 다들 불가능이라고 하지 않았던가 말이야.
> 사람들이 생각하는 것 이상을 우리는 이미 이룩했다.
> 마지막까지 우리의 축구를 한번 시원하게 보여 주자!"
> — 장외룡 감독

그러나 인천은 묵묵히 1주일 뒤 울산에서 열리는 2차전을 준비했다. 4골 차로 벌어진 골 득실은 쉽게 뒤집을 수 있는 게 아니었지만, 그들은 포기하지 않았다. 경험은 부족했지만, 간절함은 부족하지 않았다. 일방적으로 울산을 응원하는 관중이 많았지만 인천은 화끈한 공격 축구로 2차전을 이끌었다. 그들의 간절함이 통했을까? 전반 15분 김지혁 골키퍼의 실수로 라돈치치의 첫 골이 터졌고, 전반 27분 강력한 왼발 슈팅으로 2번째 골을 뽑았다. 하지만 거기까지였다. 이천수는 선제골을 내주고 4

분 뒤 곧바로 도움을 기록하며 K리그 50 경기 만에 20골-20도움을 기록하며 찬물을 끼얹었고, 울산은 거친 수비로 인천을 괴롭혔다. 그라운드를 나뒹구는 선수들, 붕대를 휘감고도 계속 부딪히는 선수들을 보며 차라리 경기가 빨리 끝나길 바랄 정도였다. 인천 유나이티드의 돌풍은 준우승으로 멈추었지만, 누구도 그들을 패배자라 손가락질하지 않았다. 그들이 보여준 90분간의 혈투는 축구가 줄 수 있는 최고의 감동을 선물했기 때문이었다.

▲ 2005년 인천의 악당 이천수가 이젠 인천을 위해 뛰고 있다.

인천유나이티드는 2005년 K리그 관중 1위를 기록했다. 실패해도 포기하지 않는 그들의 오뚝이 정신에 감동한 팬들이 하나둘씩 경기장을 찾아 목청껏 응원한 결과다. 장외룡 감독은 2005년 올해의 감독상을, 인천유나이티드 서포터즈는 K리그 공로상을 탔다. 프로축구 최초로 약 23억 원의 경영흑자를 달성했고, 인천 대건고, 광성중을 창단하며 체계적인 유스시스템을 갖추었다. 2010년에는 유병수라는 득점왕을 배출했고, 인천축구전용경기장까지 갖추었다. 그리고 신기하게도 2005년의 원수 이천수는 인천 유니폼을 입고 2013년부터 그라운드를 누비고 있다. 그들은 더 이상 가난하고 깡만 가득한 팀이 아니다. 열정적인 팬들의 응원을 받으며 누구도 쉽게 무시할 수 없는 탄탄한 전력의 시민구단이다. 하지만 투지와 정신력이 가득했던 2005년, 희망과 감동이 가득한 준우승을 이뤄낸 그 순간을 여전히 간직하고 있다.

5. 오직 한 사람만을 위한 골 뒤풀이, 그리고 그가 남긴 마지막 사진 한 장

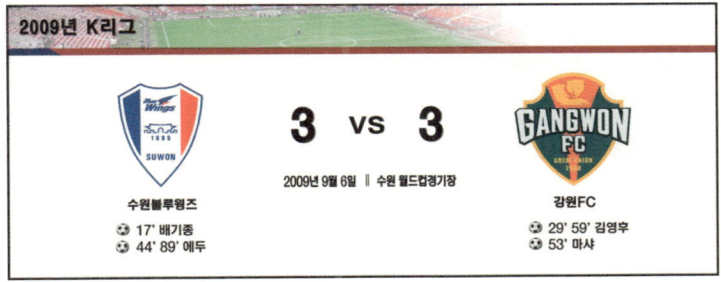

▲ 故신인기와의 단체 사진이 실린 2010년 수원 연간 회원권

2010년 수원 블루윙즈 연간 회원권의 앞면을 살펴보자. 치명적인 백지훈의 뒤태도, 샬케로 떠나기 전 FA컵 우승이란 선물

을 주고 간 에두의 단독 사진, 혹은 우승컵을 높이든 차붐의 위풍당당한 사진이 아니다. 그저 조금은 조촐한 단체 사진이 담겨있다. 바로 2009년 9월 6일 강원FC와의 무승부를 거둔 후 찍은 수원의 아름다운 광경이다. 왜 하필 영광의 순간이 아닌 고작 승점 1점으로 마무리한 K리그 홈경기를 주목한 것일까? 그리고 2010-11 챔피언스리그 8강전에서 디펜딩 챔피언 인터밀란을 상대로 2골을 터뜨린 에두. 하지만 많은 팬은 빅버드에서 터뜨린 에두의 집념 어린 2골을 더 많이 기억하는 이유는 무엇일까?

바로 수원 블루윙즈 명예 사진기자 故신인기가 위암 말기의 아픔을 견디며 셔터를 누른 마지막 경기였기 때문이다. 당시 마토와 이정수가 빠진 수원은 2008년 우승팀이란 이름이 무색하게도 5승 6무 9패로 흔들리고 있었다. 이번 경기 역시 전반 17분 배기종이 선제골을 뽑았으나 전반 29분 김영후에게 동점 골을 허용했다. 그리고 전반 44분 직접 얻어낸 프리킥을 에두가 환상적인 골로 연결하며 모두가 흥분했지만, 후반 8분 마사에게 또다시 골을 허용하고 말았다. 게다가 후반 14분 안성남이 올려준 크로스를 김영후가 가볍게 밀어넣으며 2대 3 펠레 스코어로 끌려가게 되었다.

신생팀 강원FC는 2008년 우승팀 수원을 상대로 전혀 두려운 기색이 없었다. 내셔널리그에서 압도적인 골 결정력을 보여주던 김영후는 특히 스트라이커의 본능을 발휘하며 2골 1도움을 기록했다. 원정 경기에서도 쉽게 물러서지 않고 공격적으로 몰아붙이는 강원을 상대로 수원은 속수무책이었다. 이대로 무너질 것 같았던 후반 44분, 해결사 에두는 끝까지 경기를 포기하지 않았다. 배기종이 올린 크로스를 껑충 뛰어올라 헤딩 골로 연결했다. 수원 팬들은 미칠 듯이 환호했고, 최고의 플레이로 팬들을 흥분시킨 에두는 골 뒤풀이를 위해 어디로 달려갔을까?

▲ 故신인기가 직접 찍은 에두의 골 뒤풀이 사진

그곳은 스포트라이트가 비추지 않는 코너 플래그 뒤쪽 구석진 공간이었다. 바로 '블루포토'의 창단 멤버로 항상 수원을 먼저 생각하고, 열정적인 마음으로 찰나의 순간을 아름답게 담아내던 故신인기가 있는 곳이었다. 위암 투병 중에도 수원 경기를 직접 보기 위해 휠체어를 타고 온 그의 사연을 들은 에두는 골 뒤풀이를 미리 준비했다. 달려오는 에두를 향해 찍은 그의 마지막 사진은 초점을 잃었지만, 최고의 걸작이었다. 홈팬 역시 응원석이 아닌 다른 쪽으로 향하는 수원의 스트라이커를 향해 누구도 비난하지 않았고, 진심 어린 손뼉을 쳤다. 그의 쾌유를 빌며 에두는 따듯한 손을 내밀었고 기쁨과 감격의 순간을 故신인기와 함께 나누었다.

> "제 생애 가장 행복한 순간을 빅버드에서 보냈습니다."
> - 故 신인기

그의 마지막 인터뷰처럼 그날 경기장을 찾은 수많은 팬들 역시 잊지 못할 가슴 뜨거운 추억을 함께 만들 수 있었다.

휠체어를 타고 링거까지 맞으며 수원의 경기를 지켜보고 싶어 하는 그는 1997년부터 수원의 경기, 훈련, 행사를 함께 했다. 따뜻함이 묻어나는 여러 사진을 남겼고, 팬들은 그런 그의 사진을 사랑했다. 닉네임 '신가'로 유명한 그는 수원 블루윙즈를 주제로 사진전도 열었고 육체적, 정신적으로 힘들었을 시간을 인내하고 참아냈다. 마지막까지 수원의 미래를 걱정하던 故신인기는 그라운드의 뜨거운 숨결, 에두의 감동적인 골을 기억하며 결국 10월 6일 눈을 감았다.

축구란 단순한 공놀이에 대해 절대 단순하지 않은, 헌신적인 그의 발자취는 영원히 수원의 역사에 남을 것이다. 아름답고 가슴 뛰는 이야기를 남기며 많은 팬에게 감동을 전한 그를 수원 블루윙즈 팬들은 영원히 기억하고 추모할 것이다. 수원 구단 역시 2010년 이후 매년 '신인기 포토제닉 콘테스트'를 개최하며 전통을 만들고 있다. 선수단 및 사무국 투표를 통해 매년 사진 공모 행사를 성공적으로 진행하며 훈훈한 추억을 남기고 있다. 2014년 10월1일 인천전에서는 대상 상품으로 삼성 UHD TV 55'를 선물하는 시간을 갖기도 했다. 기억을 함께 공유하면 추억이 되고, 추억은 시간이 흘러 쌓이면 역사가 된다. 먼 훗날 시간이 흘러도 마지막 한 컷을 위해 힘을 짜낸 故신인기의 열정, 그리고 그라운드에서 자신의 모든 것을 쏟아낸 에두의 집념은 영원히 기억될 것이다.

〈신인기 포토제닉 역대 수상자〉
- 2010년 신인기 포토제닉 최우수작 : 추운데 니가 고생이 많다 / 강기철
- 2012년 북패무덤 빅버드 / 임희덕
- 2013년 Goodbye Stevo! / 정근희
- 2014년 The Way to Blue SKY / 송상현

6. 아시아의 호랑이 울산, 철퇴축구로 K리그 자존심을 지키다

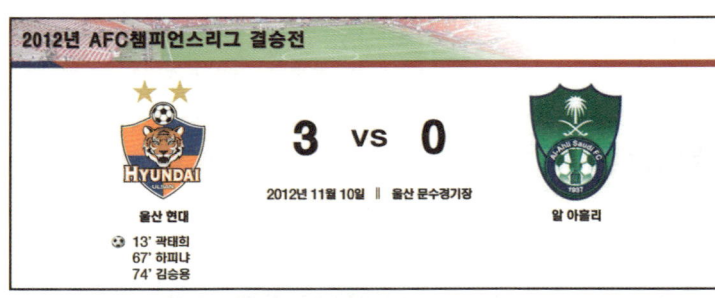

▲ 10승 2무, 결승전 3대 0. 완벽한 우승을 차지한 울산 현대

 아시아 최고의 영예는 다시 한 번 K리그의 몫으로 돌아갔다. 10승 2무, 9경기 연속 승리. 울산의 완벽한 연승 행진의 마침표도 깔끔한 3대 0 승리였다. 울산 현대의 우승은 단순한 우승이

아니었다. 2000년대 초반을 이끈 일본 J리그, 오일머니로 유명 선수를 영입하며 중무장한 중동 리그의 힘을 이겨낸 K리그의 자랑이자 자존심이었다. 아시아 챔피언스리그에 함께 출전한 포항, 성남, 전북의 유니폼이 걸린 울산 문수경기장은 울산을 넘어 K리그를 응원하는 사람들로 북새통을 이뤘다. 42,153명이 모인 울산은 말 그대로 축제 분위기였다.

전북 현대가 안방에서 아쉽게 알 사드에 우승을 내줬던 작년과는 달랐다. 침대축구, 비매너 골, 수원과의 난투극으로 추악한 승리를 챙겼던 알 사드는 K리그 공공의 적이었다. 하지만 K리그 대표 전북마저 알 사드에게 승부차기로 패배하며 권선징악의 결말을 얻지 못했다. 그런 악몽이 울산에서도 되풀이되진 않을까 하는 우려도 많았다.

하지만 울산의 압도적인 실력 앞에서 우려는 기우에 불과했다. 사우디아라비아 명문 클럽 알 아흘리도 울산의 상대가 되지 못했다. 알 아흘리는 이란의 세파한, 사우디의 알이티하드를 꺾고 승승장구했지만 울산 특유의 '철퇴 축구' 앞에서 이렇다 할 공격을 해보지 못하고 완패했다. 이로써 2003년 아시아 클럽 챔피언쉽과 아시아컵 위너스컵을 통합해 AFC 챔피언스리그로 개편된 이후 K리그 클럽의 우승 기록은 4회로 늘어났다. 2011년 카타르 리그에 내줬던 아시아 최강 리그 타이틀을 K리그가 탈환했다. 2006년 전북 현대, 2009년 포항 스틸러스, 2010년 성남 일화에 이어 2012년 역시 울산 현대가 아시아 최고의 팀으로 거듭난 것이다.

》》 AFC 챔피언스리그 K리그 팀 주요 성적

연도	팀	수상
2004년	성남일화천마	준우승
2006년	전북현대모터스	우승
2009년	포항스틸러스	우승
2010년	성남일화천마	우승
2011년	전북현대모터스	준우승
2012년	울산현대	우승
2013년	FC서울	준우승

울산은 조별예선 초반 FC도쿄, 브리즈번 로어와 연이어 비기며 불안감을 보였다. 일본 J리그, 호주 A리그를 대표해 출전한 두 팀 모두 AFC 챔피언스리그에 첫 출전하는 팀이라 경험 부족을 드러냈다. 하지만 울산 역시 쉽게 승리하지 못하고, 초반 승점 확보에 실패했다. 하지만 울산은 김정남 감독 시절부터 짠물수비만큼은 일가견이 있는 팀이었다. "공격은 팬을 불러 모으지만, 수비는 승리를 불러온다." 울산을 표현하는 명언은 조별 예선부터 빛났다.

네 경기나 한 골 차 승리를 거두며 알차게 승점을 챙겼다. 결국 조 1위(4승 2무)로 F조를 통과한 울산은 16강에서 가시와 레이솔을 만났다. 숙명의 한일전의 상대 가시와 레이솔은 작년 AFC 챔피언스리그 준우승팀 전북 현대를 예선 탈락시킬 정도로 강했다. 안정적인 공수 균형을 바탕으로 2011년 J리그 우승을 차지한 가시와 레이솔은 울산에게 만만치 않은 상대였다.

하지만 짠물수비에 강력한 공격력을 더한 울산의 빅앤스몰 콤비는 더욱 강했다. 김신욱-이근호 콤비는 나란히 1골씩을 합작하며 울산의 3대 2 펠레 스코어 승리를 이끌었다. 서아시아, 동아시아로 나뉘어 치러진 16강과 달리 8강, 4강은 중동 팀과 맞붙는 대진이었다. 하지만 '아시아 깡패'라 불리며 국제 대회에 특히 강했던 울산의 명성은 여전했다. 하피냐의 골 폭풍에 힘입어 알힐랄을 1대 0, 4대 0으로 대파하며 손쉽게 4강에 올랐다. 우즈베키스탄 국가대표가 여럿 포진한 분요드코르 역시 울산의 '철퇴 축구'에는 역부족이었다. 하피냐, 김신욱, 이근호로 이어지는 삼각 편대는 모두 골 맛을 보며 3대 1로 울산의 승리를 도왔고, 2차전 역시 2대 0으로 마무리하며 결승 진출을 자축했다.

▲ 탄탄한 수비와 빠른 역습.
울산의 철퇴축구는 하나의 브랜드로 자리 잡았다.

결승전 상대 알 아흘리는 사우디 챔피언스 컵 우승팀 자격으로 2012년 AFC 챔피언스 리그에 출전했다. 조 2위로 조별 예선을 통과한 알 아흘리는 16강 승부차기 승리부터 상승세를 얻으며 결승까지 올랐다. 비록 원정 경기지만 첫 우승을 위한 동기부여가 강력했고, 역습에 강한 팀 컬러가 울산과 비슷했다. 하지만 울산의 트레이드마크 철퇴 축구는 사우디 명문 팀의 수준과 달랐다. 수비에서 공격까지 이어지는 선 굵은 축구, 단순한 뻥축구가 아닌 강력한 피지컬을 무기로 한 롱볼 전술, 세트 피스에서 발휘되는 날카로운 골 결정력. 김신욱, 이근호 투톱은 빅앤스몰 콤비의 정석을 보여주며 쉴 새 없이 상대를 흔들었다.

이호, 에스티벤은 노련하고 침착한 볼 배급으로 중원에서 울산의 힘을 실어주었다. 수비진은 더욱 막강했다. 이용-강민수-곽태휘-김영삼으로 이어지는 포백 라인과 최후방을 지키는 김영광은 상대 수비의 간헐적인 공격을 무력화했다. 전반 13분 선제골은 역시 세트피스 상황에서 나왔다. 주장 곽태휘는 김승용의 프리킥을 정확한 헤딩 슈팅으로 연결하며 첫 골을 터뜨렸다. 평소에도 높은 탄력과 감각적인 센스로 헤딩 골을 자주 넣었던 곽태휘의 진가가 돋보인 순간이었다.

결승전 승리를 위해 수비적으로 나설 수 있었지만 울산은 홈 팬들 앞에서 물러서지 않았다. 전반전의 백미는 에스티벤이었다. 전반 15분 헤딩 슈팅, 24분 중거리슛, 28분 왼발 슈팅을 연이어 시도하며 계속해서 알 아흘리를 압박했다. 늘 그랬듯 안정적인 볼 키핑과 여유로운 볼 배급, 센스 있는 커팅으로 울산 중원을 책임지면서도 과감한 공격까지 시도했다.

김호곤 감독은 이호를 빼고 고슬기를 넣으며 '가장 효과적인 수비는 강력한 공격'이란 사실을 되새겼다. 후반 23분 울산의 철퇴 축구는 빛을 발했다. 후방에서 높이 날아온 공은 장신 스트라이커 김신욱의 머리에 맞고 떨어졌고, 하피냐는 재빠르게 슈팅을 연결했다. 왕성한 활동량을 선보이며 위협적인 기회를 노리던 하피냐가 추가 골을 넣은 것이다.

2점 차로 벌어진 경기는 이미 기울었다. 조금 더 공격적으로 올라온 알 아흘리는 다급한 나머지 정확도가 떨어진 슈팅만 되풀이했다. 오히려 후반 31분 이근호의 크로스를 전해 받은 김승용이 세 번째 골을 터뜨리며 우승을 자축했다. 곽태휘는 교토 퍼플상가, 하피냐와 김승용은 감바 오사카에서 뛴 경험이 있는 만큼 J리그에 강한 모습을 선보였다.

후반 종료 직전 영패를 면하기 위한 알 아흘리의 마지막 공격마저 골키퍼 김영광이 막아내며 경기는 그대로 3대 0 울산의 승리로 끝났다. 창단 이후 첫 AFC 챔피언스리그 우승을 완벽한 대승으로 마무리한 울산은 환희로 가득했다. MVP는 중앙과 측면을 오가며 부지런히 공격을 이끈 이근호에게, 페어플레이상은 주장 곽태휘에게 돌아갔다.

특히 이근호는 이 대회 활약을 바탕으로 AFC 올해의 선수상까지 받으며 입대 전 최고의 선물을 받았다. 울산에게 우승상금 150만 달러(약 16억)는 부과적인 성과였다. 2012년 클럽월드컵 출전 티켓은 물론 아시아 최고의 자리에 올랐다는 명예가 가장 큰 수확이었다. 탄탄한 수비와 날카로운 공격을 겸비한 '철퇴 축구'를 몰아붙인 울산은 아시아 최정상의 자리에 설 자격이 충분했다.

7. 외나무다리 승부에서 빛난 해병대 정신, 모두의 예상을 박살내다

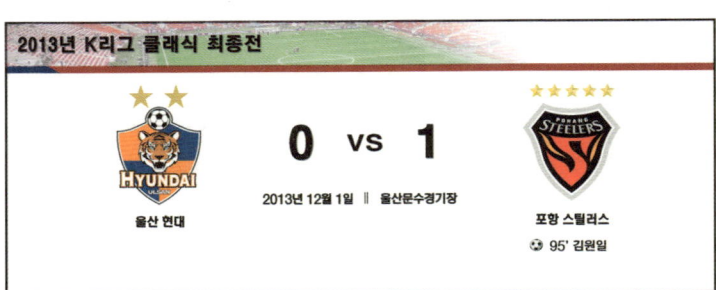

　전후기 리그, 챔피언 결정전, 단일 리그, 4강 플레이오프, 상하위 스플릿. 1983년 시작된 K리그는 너무 잦은 제도 변화로 진통을 겪었다. 명목상으로는 더 많은 팬을 위한 제도 개선이었지만, 전통과 일관성이 없는 제도라는 비판에 자유로울 수 없었다. 사실 정규 리그가 대다수인 유럽 리그와 달리 한국 스포츠 정서는 단판 승부가 인기가 많았다. 2003년 성남 일화가 일찌감치 1위를 질주하며 후반 막판 리그의 박진감을 떨어뜨린다는 지적도 많았다. 게다가 2012년 시행된 승강제가 없었던 얼마 전까지는 중하위권 팀들의 목적의식도 부족했다.

　K리그 연맹은 이를 만회하기 위해 상하위 스플릿으로 나누어 야심차게 2013년 시즌을 시작했다(스플릿 시스템은 2012년 첫 시작). 상위권 팀은 아시아 챔피언스리그 출전권, 하위권 팀은 강등 탈출이라는 목표를 가지고 박진감 넘치는 승부를 펼쳤다. 게다가 1위 울산 현대와 2위 포항 스틸러스가 마지막 경기

에서 맞붙는 기가 막힌 대진이었다. 단판 승부, 결승전에 열광하는 대한민국 축구 팬에게는 최고의 선물이었다.

울산의 승점은 73점. 포항의 승점은 71점이었다. 당연히 유리한 쪽은 울산이었다. 승점 3점이 아닌 무승부만 거두어도 무난하게 우승 트로피를 따낼 수 있었기 때문이었다. 게다가 공격의 핵심 김신욱, 하피냐가 경고 누적으로 결장했지만, 울산은 전통적으로 수비가 강한 팀이었다. 김정남 감독 시절에도 짠물 수비로 유명했던 울산은 김호곤 감독을 만나 한 단계 성장했다. 리그를 압도하는 공격력을 자랑하는 김신욱은 울산의 중심으로 거듭났다. 빠른 발의 김승용, 하피냐 등이 정확하고 효과적인 역습을 도우며 울산은 '철퇴축구'란 새로운 트렌드를 제시했다. 최종전에서도 국가대표까지 성장한 골키퍼 김승규와 강민수, 김치곤, 박동혁, 이용으로 이어지는 포백라인은 건재했다.

반면 포항은 쇄국 축구를 표방하며 외국인 선수 없이 모두 한국 선수로 스쿼드를 채웠다. 황선홍 감독은 '황선대원군'이란 별명까지 얻었고, 많은 전문가의 우려에도 꾸준한 경기력을 자랑했다. 오히려 국내 최고를 자랑하는 유스시스템에서 화수분처럼 새로 등장하는 신인들

▲ 오직 국내 선수로만 구성된 팀을 우승까지 이끌며 '황선대원군'이란 별명까지 얻게 된 황선홍 감독

이 활약하며 우승권까지 올라섰다. 과감한 투자, 특히 외국인 선수의 비중이 특히 큰 K리그에서 포항의 독특한 행보는 매우 예외적인 성공이었다. '스틸타카'란 애칭을 얻을 정도로 짧고 간결한 패스 축구를 선보이는 포항은 제로톱 전술로 쏠쏠한 재미를 보았다. 세밀하면서도 강력한 2대 1 패스를 주 무기로 한 포항의 창이 울산의 견고한 방패를 뚫을 수 있을지가 경기의 핵심이었다.

느긋하게 지키는 울산과 달리 포항은 공격, 또 공격이었다. 유력한 리그 MVP 후보까지 거론된 이명주를 중심으로 고무열, 노병준, 김승대가 끊임없이 위치를 옮겨가며 공격을 시도했다. 전반 13분 노병준의 슈팅, 전반 27분 김태수의 헤딩 슈팅 모두 울산의 골문을 가르기엔 역부족이었다. 0대 0 균형에서 포항은 먼저 교체 카드를 꺼내 들며 경기의 흐름을 바꾸려고 시도했다.

후반 9분 원톱 박성호를 투입했고, 조찬호, 신영준을 연이어 투입하며 공격에 더욱 무게를 실었다. 울산은 차분하게 수비 위주의 경기 운영을 했고 한상운의 날카로운 슈팅으로 간간이 위협적인 역습을 시도했다. 울산은 마스다, 최성환을 투입하며 수비라인을 더욱 두껍게 했고, 공을 돌리며 적극적인 공격에 나서지 않았다. 김신욱 역시 경기가 끝나자마자 우승의 기쁨을 함께하기 위해, 그라운드로 뛰어갈 태세를 갖추었다.

하지만 경기 종료가 가까워진 순간 포항은 기적과도 같은 결승 골을 터뜨렸다. 후반 추가시간 누가 골을 넣었는지도 모를 만큼 정신없는 혼전 상황이었다(실제 기사 1보에서는 신영준의 골로 기록한 뉴스도 많았다). 마지막 프리킥 기회에서 포항은 높게 공을 띄워 경합을 시켰다. 헤딩, 태클, 몸싸움이 난무하는 좁은 골문 앞에서 양 팀 선수는 간절하게 움직였다. 김승규는 집중력 있는 모습으로 공을 쳐 냈고, 수많은 울산 선수들은 골대 앞에 겹겹이 서 있었다. 하지만 튕겨져 나온 공은 김원일의 발끝으로 연결되었고, 이는 그대로 골문으로 빨려 들어갔다. 축구를 포기하려 했던 해병대 출신 김원일이 2013년 K리그 클래식의 신데렐라, 포항 '더블'우승의 주역으로 변신하는 순간이었다(김원일은 해병대 1037기 출신으로 매 경기 경기 시작 전 해병대 전용 좌석을 향해 경례를 한다).

▲ 극적인 결승골을 넣고 환호하는 포항 스틸러스

포항은 이로써 지난 10월 19일 FA컵 결승에서 전북을 승부차기로 꺾은데 이어, 정규 리그 우승을 차지하며 역사적인 더블 우승을 기록했다. K리그 클래식과 FA컵 우승을 동시에 달성한 포항 스틸러스의 위업은 대단했다. 최전방 3명이 23세 미만이었고, 그 흔한 특급 외국인 선수도 없었다. 오직 탄탄한 조직력과 축구 철학을 공유하는 유스 시스템의 활용으로 일궈낸 성과라 더욱 빛나고 대단한 일이었다.

> "결승전답게 양 팀 모두 좋은 경기를 펼쳤다.
> 우승한 포항에게 축하의 박수를 보내고, 열심히 뛴 울산 선수들에게 감사한다."
> - 김호곤 감독

일부 과격한 팬들이 물병을 투척하며 경기를 방해했다는 옥에 티만 뺀다면 완벽하게 감동적인 최종전이었다. 결국 우승은 간절함이 2% 강했던 포항의 몫으로 돌아갔다. 팽팽한 경기를 뒤집는 마지막 찰나의 순간은 결국 집중력 차이란 걸 보여준 K리그 클래식의 명승부였다.

8. Good Bye 최은성, K리그 클래식 은퇴식의 새로운 역사를 쓰다

K리그 클래식과 해외 프로 리그의 가장 큰 차이점을 꼽으라면 어떤 게 있을까? 리그가 자리 잡기 이전인 초창기에는 중계기술, 유스 시스템, 재활 프로그램, 클럽하우스, 관중, 경기력 등 다양한 요소가 떠오를 것이다. 하지만 승강제가 자리 잡고, 프로팀마다 유스클럽을 운영하며 탄탄한 리그의 경쟁력이 제법 올라갔다는 평이다. 그리고 활발하게 해외 연수를 지원하며 선진화된 시스템을 배워오는 데도 배타적이지 않다. 하지만, 여전히 가장 아쉬운 점은 바로 '레전드'에 대한 예우다.

리그를 대표하고, 팀의 정신적 지주로 자리매김하며 팬들의 사랑을 받은 선수들은 K리그에 많다. 국가대표 경기에서 활약이 부족했을지라도 리그에서만큼은 오히려 클럽 팬들에게 더 많은 감동과 기쁨을 안겨준 이들의 마지막은 어땠는가? 통산 501경기에 출장한 포항의 철인 김기동, 대포알 중거리 슈팅으로 유명한 전남 드래곤즈의 노상래, 이 밖에도 박태하, 김현석,

김태영 등 언뜻 떠올려 봐도 수많은 레전드가 떠오른다. 하지만 이토록 위대한 선수들의 마지막은 그들의 이름값에 걸맞지 않게 초라했다. 하프타임 때 꽃다발을 전해 받고, 은퇴 소감을 듣는 게 고작이었다. 심지어 레전드 몇몇은 구단의 압박으로 원치 않는 은퇴를 하거나, 선수 생활을 이어가기 위해 다른 리그로 이적하기까지 했다.

▲ 성남의 자랑이자 K리그 레전드인 신태용 역시 초라한 은퇴를 맞이해야만 했다.

K리그의 역사, 성남의 산 증인 신태용은 특히 그 서러움이 더했다. 그는 1992년 K리그에 데뷔하자마자 신인왕을 탔고, 2004년 은퇴까지 401경기 출전, 99골 68도움을 기록했다(K리그 60-60 클럽에 처음 가입한 선수다). 성남 일화 시절 남들은 한 번도 들기 힘든 우승컵을 6번이나 들었고, MVP도 2회(1995년,

2001년)나 거머쥐었다. 당연히 K리그 30년 레전드 베스트11에도 이름을 올리며 그라운드의 여우로 최고의 자리에 올랐다.

하지만 그는 변변한 은퇴식도 하지 못한 채, 호주 리그로 떠밀리듯 떠났고 70-70 클럽 가입의 가능성도 사라지고 말았다. 결국 'Mr. K리그'로 불렸던 신태용의 마지막 경기는 아무도 기억하지 못한다(비록 성남 일화 감독으로 결국 다시 돌아오지만) 성대한 은퇴 경기를 펼치며, 함께 뛰었던 동료들, 헌신적인 뒷바라지를 해주었던 가족들, 그리고 언제나 응원하며 사랑해주었던 팬들에게 감사의 마음을 전하는 외국의 문화는 한국에서는 아직 먼 나라 이야기일 뿐이었다.

하지만 전북 현대 수문장 최은성의 마지막은 달랐다. 7월 9일 현역 은퇴를 공식적으로 알린 최은성의 마지막 경기는 20일 상주전이었다. 전북은 경기 전체를 '최은성 은퇴식'에 초점을 맞추고 다양한 이벤트를 준비하며 레전드의 마지막을 준비했다. 전북은 노장 선수를 '연봉은 많이 받지만 활용한 시간이 얼마 남지 않은 선수'로 평가하지 않았다. 오히려 '젊은 선수들에게 본보기가 되고, 노련함을 발휘해 충분히 팀에 도움이 되는 선수'로 생각하며 이동국, 김상식 등을 적극적으로 영입해 성공했다.

최은성 역시 마찬가지였다. 15년 동안 대전의 골문을 지키며 헌신했지만, 대전에서 최은성의 출장 횟수는 '464'에서 멈추었다. 팔에 대전시티즌의 앰블럼 문신을 새길 정도로 최은성의 충성심은 대단했는데 이에 비해 대전의 대처는 최악이었다. 냉혹한 프로 세계에서 재계약 불가는 당연한 절차였지만, 그런 결과로 향하는 과정은 너무나 가혹했다. 대전 시티즌 수뇌부는 등록 마감일까지 최은성과 적극적인 대화를 거부했고, 은퇴식 취소는 물론 연속 경기 출장 걸개나 관련 동영상도 불허했다. 축구 특별시 대전의 레전드에겐 전혀 어울리지 않는 처우였다.

▲ 레전드의 마지막을 대우하는 예의에 정통한 전북현대의 마케팅이 돋보였다.

결국, 최은성은 전북 현대에서 마지막 불꽃을 불태우며 출전 횟수를 '532'까지 늘렸다. 최은성의 A매치 기록은 1경기에 불과하지만(2001년 나이지리아전), 언제나 자기 자리에서 묵묵히 연습하고 구슬땀을 흘린 소중한 결과였다. 그의 치열한 자기 관리, 헌신적인 플레이, 겸손한 성품은 운동장에 서 있는 것만으로도 많은 귀감이 되는 선수였다. 전북은 경기 내외로 '최은성 은퇴식'을 부지런히 준비하며 그에 대해 고마운 마음을 전하려

애썼다.

 우선 유니폼에 '532'로 새긴 유니폼을 미리 준비해 그의 K리그 통산 출전 기록을 강조했다. 그라운드에 들어오는 11명의 선수 모두 똑같은 유니폼을 입고 존경심을 표현했다. 더불어 특별히 제작한 입장권의 주인공은 532가 새겨진 유니폼을 입은 최은성이었다. 최은성에겐 특별할 수밖에 없는 대전시티즌 팬들 역시 경기장을 찾을 수 있도록 배려했다. 전북 구단과 서포터는 전주성에 대전시티즌이 준비한 최은성 기념 걸개와 통천을 걸 수 있도록 허락했다. 전북뿐만 아니라 대전에서 뛰었던 최은성의 마지막에 전북 팬만 있는 것은 도리가 아니라고 생각했기 때문에 내린 통 큰 결정이었다.

▲ 마지막 경기에서도 놀라운 선방을 보여주며 무실점을 이끌어낸 레전드 최은성

골 뒤풀이 역시 최은성을 위한 헹가래였고, 하프 타임은 오로지 그를 떠나보내는 팬들의 사랑으로 가득한 시간이었다. 비록 상대팀이지만 2002년 월드컵 당시 함께 했던 상주 박항서 감독은 꽃다발을 선물했고, 김남일, 김병지, 박지성 등의 영상 메시지가 흘러나왔다. 최은성은 기념패와 기념 메달도 전해 받았고 대전 서포터는 펑펑 울며 큰절까지 올렸다. 선수 생활 마지막 잊지 못할 추억으로 그동안의 노력을 인정받는 순간이었다.

물론 성대한 은퇴식이었지만, 승부의 세계는 냉정한 법이었다. 상주는 최근 원정 2경기 5득점을 기록하며 준수한 공격력을 선보였고, 강민수, 곽광선이 훈련소에서 퇴소하며 수비진 보강에 성공했다. 상위 스플릿으로 치고 올라가야 하는 상주는 최은성 은퇴식이라고 가볍게 승점 3점을 내줄 수는 없는 입장이었다. 게다가 최은성은 주전 권순태 자리를 대신해 4개월 만에 그라운드에 나섰고, 이동국을 대신해 특별히 주장 완장까지 차며 어깨가 무거웠다.

하지만 전반 17분 만에 또 다른 레전드 이동국이 선제골을 뽑아내며 최은성의 어깨를 가볍게 해주었다. 최은성을 위해 반드시 무실점 승리를 선물하려 전북 선수들은 똘똘 뭉쳐 폭발적인 공격력을 뽐냈다. 후반 19, 20분에 한교원과 이승기가 연속골을 터뜨렸다. 두 골 모두 이동국의 패스에서 시작되어, 이동국은 K리그 통산 3번째로 60-60 클럽에 가입했다. 최은성 은퇴식과 더불어 또 다른 레전드의 역사가 탄생한 겹경사였다. 후반 막판은 외국인 선수들의 몫이었다. 교체 투입된 카이오가 2골, 레오나르도가 1골을 터뜨리며 결국 최은성의 마지막 경기는 모두의 바람대로 6대 0 대승으로 끝났다.

최은성은 화려한 축구 인생을 살진 않았지만, 누구보다 행복하게 마지막 경기를 치렀다. 그저 그런 나이 많고 기량이 예전 같지 않은 퇴물로 쓸쓸히 사라지는가, 영광의 순간을 팬들과 함께 추억하며 아름답게 퇴장할 것인가. 이는 결국 팬들의 관심과 구단의 배려, 그리고 선수 본인의 꾸준한 노력 3박자가 갖추어질 때만 가능한 것이다. 자본의 논리에 따라 움직이는 프로 세계에서 데뷔부터 은퇴까지 한 팀에서만 뛰는 선수를 찾기 힘든 것이 사실이다.

하지만 분명 K리그 클래식에도 그런 레전드는 오늘도 팬들 앞에서 열심히 경기를 뛰고 있다. 다만 우리가 그 소중함과 대단함을 미처 발견하지 못할 뿐이다. 레전드는 하늘에서 뚝 떨어지는 것이 아니라 우리의 노력이 더해질 때 빛을 발하는 것이다. K리그에서도 해외 리그 부럽지 않은 다양한 스토리를 갖춘 소중한 은퇴식을 보고 싶다.

최은성의 마지막 하프타임 인터뷰

"드디어 장갑을 벗습니다. 손이 참 괴로웠는데, 30년간 낀 장갑을 벗어 기쁩니다. 섭섭한 마음보다는 기쁜 마음으로 이렇게 웃으면서 은퇴할 수 있어서 참 영광인 것 같고요. 먼저 이렇게 뜻 깊은 자리를 만들어주신 저희 구단 김충호 대표이사님, 이철근 단장님 이하 사무국 직원 여러분 고맙습니다. 그리고 우리 선수단의 아버지 같으신 최강희 감독님. 마지막으로 선수로서 운동장을 누빌 수 있게 해주셔서 이 자리를 빌려서 다시 한 번 감사드립니다. 비록 제가 프로 선수로서 시작은 이곳이 아니었지만, 정말 오늘 멋진 경기장에서 멋진 후배들하고, 전북 현대를 사랑하시는 MGM 여러분, 전북 현대를 사랑하는 모든 팬 앞에서 선수생활 마지막을 함께 할 수 있어서 개인적으로 정말 행복하고 즐겁습니다. 오늘 이 즐거움을 가슴 속에 묻고, 큰 행운으로 받아들이고 앞으로도 선수가 아닌 코치로도 열심히 살아가겠습니다. 마지막으로, 저한테는 가장 소중한 가족이 여기 와 있는데, 아빠로서…. (잠시 울먹임) 저희 아내가 울지 말라고 했는데 가족 이야기를 하니깐 이렇게 눈물이 나네요. 정말 아빠로서 남편으로서 운동하느라고 제대로 역할을 못 해준 것 같은데, 18년 동안 묵묵히 참고 기다려준 우리 소중한 가족에게 감사의 말씀을 전하고 싶고, 사랑해"

제2장
한국 국가대표

제2장 한국 국가대표

1. 누군가에게는 도하의 기적, 누군가에게는 도하의 비극

1993년 카타르 도하는 누군가에게 기적이라면, 누군가에게는 비극일 수 있다. 승패가 나뉘는 스포츠에서 승자는 언제나 웃기 마련이고, 패자는 아쉬운 눈물을 흘릴 뿐이다. 하지만 1994년 미국 월드컵 진출이 걸린 아시아 예선 마지막 경기는 그 희비의 교차가 더욱 컸다. 끝까지 알 수 없는 월드컵 본선 티켓의 주인공을 두고 숙적 한국과 일본이 피 말리는 승부를 벌였기 때문이다. 막판 무전기까지 동원하며 상대 국가의 경기 상황을 초 단위로 지켜봤던 그날의 승자는 다름 아닌 한국이었다.

▲ 끝까지 본선 진출국을 알 수 없었던 카타르 도하

아시아 지역은 29개국이 참가해 6개조로 나눠 예선을 치렀다. 김호 감독이 이끄는 한국은 바레인, 홍콩, 인도, 레바논을 7승 1무란 압도적인 성적으로 이기고 최종 예선에 안착했다. 당시 아시아 지역에 할당된 티켓은 오직 2장. 이를 놓고 벌일 경쟁 상대는 껄끄러운 상대인 북한, 일본, 이란, 이라크, 사우디아라비아였다. 1차 예선에서 큰 이변 없이 당시 전통의 강호들이 탄탄한 전력을 뽐내며 모두 최종 예선에 진출했기에 누구도 1,2위 나라를 예상하기 힘들었다. 홈앤드어웨이 방식이 아닌 카타르 도하에서 풀리그 방식으로 진행되었는데, 한국의 초반 분위기는 좋지 않았다.

이란을 3대 0으로 이기며 기분 좋게 첫 단추를 꿰었지만, 이라크와 2대 2, 사우디아라비아와 1대 1 무승부를 거두며 승점 2점밖에 챙기지 못했다(당시에는 승리는 2점, 무승부는 1점). 게다가 브라질 유학파로 화려한 개인기를 선보이던 미우라 가츠요시에게 결승골을 내주며 일본에게 0대 1로 패했다. 일본과 월드컵 예선 경기에서 7승 3무를 자랑하며 압도적으로 강했던 한국은 그만큼 충격이 컸다.

북한과의 경기를 남겨둔 한국은 3위였고 자력 진출이 불가능했다. 북한을 무조건 이기고, 사우디아라비아(대 이란)나 일본(대 이라크) 중 어느 한 팀이 상대팀을 이기지 못하는 것만이 한국이 1994년 월드컵에 나갈 수 있는 유일한 방법이었다. 북한을 제외한 5개 나라가 모두 월드컵에 나갈 수 있는 희망이 있었고, 마지막 경기는 담합을 방지하기 위해 1993년 10월28일 모두 같은 시간에 펼쳐졌다.

≫ 최종전을 남겨둔 당시 순위표

	승점	승	무	패	득점	실점	득실
일본	5	2	1	1	5	2	+3
사우디	5	1	3	0	4	3	+1
대한민국	4	1	2	1	6	4	+2
이라크	4	1	2	1	7	7	0
이란	4	2	0	2	5	7	-2
북한	2	1	0	3	5	9	-4

》 최종전 대진표

- 한국 대 북한
- 사우디아라비아 대 이란
- 이라크 대 일본

　반드시 이겨야 하는 한국은 초반부터 북한을 몰아붙였다. 서정원, 고정운 등 공격수들은 적극적으로 슈팅을 날렸지만 골키퍼의 선방에 막히며 조급함을 더해갔다. 하지만 후반전이 시작하고 골 폭풍이 몰아쳤다. 후반 5분 홍명보의 패스를 이어받은 김현석이 침착하게 크로스로 연결했고, 고정운이 강한 헤딩 슈팅으로 선제골을 넣었다. 이어 후반 8분 북한 수비수를 몸싸움으로 밀어낸 김현석의 패스를 황선홍이 강하게 때려 넣으며 2대 0으로 달아났다. 기세가 오른 한국은 다득점을 노렸다. 결국 후반 30분 하석주가 살짝 방향을 바꾸며 쐐기골을 넣었고 경기는 3대 0으로 끝났다.

　하지만 타구장 소식이 좋지 않았다. 우선 사우디아라비아는 이란을 4대 3으로 이기며 월드컵 진출을 확정지었다. 일본 역시 2대 1로 이기고 있었고 후반 추가 시간 3분이 거의 끝나가고 있었다. 최종전에서 이겼지만, 지난 일본전 패배가 뼈아픈 한국이었다. 한국 선수들과 코치진, 팬들은 아쉬운 마음에 고개를 떨구고 이겼음에도 전혀 기뻐하지 않았다. 그 때 벤치에서 갑자기 환호성이 들렸고, 고정운은 감격에 겨워 달리기 시작했다. 해설자 역시 흥분을 감추지 못하고 소리를 질렀다.

▲ 망연자실한 표정으로 월드컵 진출 실패에 슬퍼하는 일본 대표팀

"국민 여러분 기뻐해주십시오! 2대 2 동점이 되었습니다!"

경기 종료 10초전 이라크의 자파르가 헤딩 동점골에 성공하며 순위가 뒤바뀐 것이다. 일본은 2대 2 무승부로 승점 6점이 되었고, 골 득실차에서 한국에 뒤지며 3위로 떨어졌다. 첫 월드컵 진출을 코앞에 두고 희망에 부풀었던 일본 열도는 순식간에 침묵에 잠겼다. TV를 바라보며 축제를 즐길 준비를 하던 일본 국민은 비극적인 상황에 그대로 주저앉고 아무 말도 하지 못했다. 일본의 기대가 컸던 만큼 도하의 비극이 주는 충격은 어마어마했다. 인기 애니메이션 〈우주형제〉에서는 주인공 난바 뭇

타가 1993년 도하의 비극 당일, 골을 내주며 자신이 태어났다며 "도하의 비극 세대인 나에게 운이 있을 리가 없다."란 자조 섞인 대사를 내뱉을 정도였다.

결국 일본의 월드컵 최초 진출은 1998년 프랑스 월드컵으로 미루어졌고, 한국은 3회 연속 월드컵 진출이란 대기록을 세웠다. 이런 결과는 당시 일본에 밀리던 한국의 2002년 월드컵 유치 경쟁에도 큰 도움이 되었다는 게 정설이다. 본선에서도 독일, 스페인, 볼리비아를 상대로 분전하며 한국은 아시아의 자존심을 세웠다. 한편 한국 입장에선 구세주나 다름없는 동점골의 주인공 자파르는 한국에 초대되어 융성한 대접을 받기도 했다.

❯❯ 최종 순위표

	승점	승	무	패	득점	실점	득실
사우디	7	2	3	0	8	6	+2
한국	6	2	2	1	9	4	+5
일본	6	2	2	1	7	4	+3
이라크	5	1	3	1	9	9	0
이란	4	2	0	3	8	11	-3
북한	2	1	0	4	5	12	-7

2. 부딪히고 또 부딪힌다, 간절함이 만들어낸 기적의 추격전

대한민국 축구 팬이라면 누구나 아는 말리, 이라크 축구 선수가 있다. 흔한 축구 강국의 스타플레이어도 아니지만 한국과 깊은 인연이 있기 때문이다. 바로 움란 자파르와 탐부라다. 우선 움란 자파르는 '도하의 기적'의 주인공이다. 그는 대한민국이 1994년 미국 월드컵에 나갈 수 있었던 일등공신으로 일본전에서 경기 종료 10초 전에 동점 골을 뽑아냈다. 결국 이라크는 일본과 2-2로 비겼고, 한국은 같은 시각 북한을 3-0으로 이기며 골 득실차로 극적으로 본선행에 올랐다. 감사의 표시로 한국에 초청되어 큰 환대를 받으며 선물을 받아갈 정도로 국민 영웅 대접을 받았다. 그리고 말리의 수비수 탐부라 역시 '명예 시민증'을 만들어줘야 한다는 우스갯소리가 나올 정도로 큰 인기를 끌었다. 바로 아테네 올림픽 8강 진출을 위한 극적인 마침표를 찍어주었기 때문이었다.

▲ 말리의 탐부라는 한국에서 영웅으로 재탄생했다.

2004 아테네 올림픽 조별 리그에서 한국은 1승 1무를 거두었다. 개최국 그리스, 북중미의 강호 멕시코를 상대로 무난한 결과였지만, 마지막까지 방심할 수 없었다. 1무 1패의 멕시코가 승리를 거두고, 한국이 말리에게 질 경우 그대로 예선 탈락이었기 때문이다. 경기 시작과 동시에 한국은 고비를 맞았다. 전반 7분 은디아예가 오프사이드 트랩을 깨며 선제골을 넣었고, 아프리카 특유의 리듬을 타기 시작했다. 전반 24분 강력한 슈팅이 골대를 맞고 나왔지만, 불행히도 은디아예의 코앞에 공을 튕겨 나와 그대로 추가골에 성공했다. 수비 조직력이 좋았던 한국은 귀신에 홀린 듯 말리 특유의 리듬에 맥을 추지 못했다. 강한 몸싸움과 유연한 드리블에 속수무책이었다. 그리고 은디아예가

후반 10분에 해트트릭을 달성하며 3-0으로 경기는 완전히 기울었다. 게다가 조3위 멕시코가 마르케스의 선제골로 앞서나간다는 소식에 모두가 고개를 떨궜다.

주전 공격수 조재진은 비난을 벗어날 수 없었다. 올림픽 대표 팀 선발 이후 최다 득점인 9골을 기록하며 공격을 이끌었지만, 정작 올림픽 무대에서는 무득점에 그쳤기 때문이다. 김호곤 감독의 총애를 받는 스트라이커였지만, 멕시코전에서는 슈팅 한 번 날리지 못할 정도로 부진했다. 자연스레 팬들은 조재진의 득점을 기대하지 않았고, 세계무대의 벽은 높다고 낙담했다. 하지만 트레이드마크인 콧수염까지 밀고, 결연한 의지를 다지고 나온 조재진은 달라진 모습을 보여주었다.

▲ 거짓말 같은 연속 헤딩골로 추격의 불씨를 살린 조재진

조재진은 후반 12분 김동진의 날카로운 크로스를 강력한 헤딩 골로 연결했다. 흑인 수비수 사이에서 엄청난 탄력을 자랑하며 타점 높은 헤딩에 성공했고 그대로 첫 골로 이어졌다. 그리고 2분 후. 다시 김동진의 발끝에서 시작해 조재진의 머리로 끝났다. 조재진은 왼쪽에서 날아온 크로스를 연달아 헤딩골로 연결하며 맹렬하게 말리를 몰아붙였다. 경기를 중계하던 해설위원도 방금 터진 골 장면이 아닌지 헷갈릴 정도로 비슷한 위치의 강력한 헤딩 슈팅이었다. "경기 중 서로 눈이 자주 마주친다. 오랫동안 함께 뛰어 눈빛만 봐도 원하는 것을 알 수 있다"고 밝힐 정도로 김동진과 조재진의 호흡은 일품이었다. 185cm, 85kg. 전형적인 스트라이커의 체형을 지닌 조재진은 타고난 탄력과 위치 선정을 자랑하며 두 골을 연이어 머리로 뽑아내는 저력을 뽐냈다. 체격 조건이 좋고 힘과 스피드가 뛰어난 흑인 수비수를 상대로도 전혀 밀리지 않는 모습이었다.

조급해진 말리는 스스로 무너졌다. 후반 19분 높이 올라온 크로스를 탐부라가 그대로 자기 골대를 향해 밀어 넣었다. 거듭된 크로스에 당황한 말리의 탐부라가 걷어내려던 공이 정확한 헤딩 슈팅으로 연결되었고 경기는 순식간에 3-3 동점이 되었다. 후반 막판 말리는 강력하게 몰아붙였지만, 골대를 맞는 행운과 김영광의 엄청난 선방으로 경기는 그대로 끝났다.

1승 2무. 조 2위. 나란히 8강에 오른 한국과 말리. 3골 차를 따라간 극적인 명승부 끝에 결국 두 팀 모두 사이좋게 1,2위를 차지한 훈훈한 결말이었다. 이후에도 말리는 강호 이탈리아를 상대로 연장전에서 아쉽게 0-1로 패하며 선전했다. 한국 역시 파라과이를 상대로 3골을 내줬지만, 2골을 따라가는 뒷심을 선보이며 많은 팬들을 즐겁게 해주었다. 올림픽 무대에서 부담을 느낄 법도 한데, 아테네 올림픽 대표 팀은 끝까지 승부욕을 불태우며 부담을 끈질긴 추격의 원동력으로 승화시켰다. 종료 휘슬이 울리기 전까지 자신의 모든 체력을 그라운드에 쏟아내는 열정. 그리고 이들의 땀과 눈물. 이 모든 요소가 패색이 짙어도 우리가 끝까지 축구를 보는 이유가 아닐까?

3. 전차군단 독일을 꺾은 한국의 불가사의한 승리, 월드컵의 아쉬움을 달래다

대한민국에서 열린 친선전이였지만, 전문가는 물론 한국 팬들도 원정팀 독일의 승리를 예상했다. 2002년 월드컵 준우승의 주역이 모두 건재했기 때문이다. 당시 한국을 찾은 독일이 들고 나온 스쿼드는 단순히 신예에게 경험을 쌓기 위한 것이 아니었다. 골든볼, 야신상 수상자 올리버 칸은 물론 미하엘 발락, 미로슬라프 클로제, 필립 람, 베른드 슈나이더, 바스티안 슈바인슈타이거 등 정예 멤버가 총출동했다. 5월에 있었던 유로 2004 독일 대표팀과 큰 차이가 없을 정도로 명실상부한 최고의 전력이었다. 클린스만 감독은 이미 일본에서 3대 0 대승을 거두며 선수들의 컨디션을 끌어올렸고, 한국 역시 쉽게 제압하리라 보았다.

반면 조 본프레레 감독이 이끄는 한국은 오히려 1.5군에 가까운 선발 명단을 들고 나왔다. 2002년 4강 신화의 주역은 골키퍼 이운재와 해외파 차두리가 유일했다. 차두리를 제외하고는 박재홍, 김진규, 박동혁, 김상식, 박규선, 김동진, 김두현, 이동국 등 전원 국내파로 베스트 일레븐을 꾸렸다. 당시 한국은 월드컵 아시아 지역 2차 예선을 졸전 끝에 몰디브를 2대 0으로 꺾고 겨우 통과했다. 자연스럽게도 한국이 2년 전 월드컵 준결승에서 전차군단 독일에 당한 패배를 설욕하기란 어려워 보였다. 게다가 당시 조 본프레레를 둘러싼 여론도 워낙 좋지 않았기에 전문가는 물론 팬들 역시 독일전에 비관적이었다.

▲ 독일 일간지 빌트에까지 실린 한국의 짜릿한 승리

하지만 경기를 시작하고 한국은 오히려 독일을 몰아붙였다. 독일 축구에 익숙한 차두리는 우측 측면을 종횡무진 뛰어다니며 저돌적인 모습을 선보였다. 전반 5분 무려 70m가 넘는 거리를 오직 스피드만으로 돌파하며 독일의 간담을 서늘하게 했다. 더불어 상무에서 군 복무 중인 스트라이커 이동국 역시 독일 수비수와의 몸싸움에서 밀리지 않으며 서서히 경기를 지배해 나갔다. 마침내 전반 15분 첫 골이 터졌다. 독일이 아닌 약체로 평가받은 쪽은 한국이었다. 이동국이 우측에서 가볍게 올려준 공이 독일 수비수의 머리를 맞고 흘러나왔다. 페널티 에어리어 바깥에서 기다리던 김동진은 곧바로 왼발 논스톱 발리슛을 시도했고, 올리버 칸이 막을 수 없는 사각지대로 그대로 꽂혔다.

하지만 독일의 반격도 만만치 않았다. 8분 뒤 곧바로 동점 골에 성공했는데 그 주인공은 미하엘 발락이었다. 프리킥 상황에서 낮고 빠른 오른발 감아 차기로 1대 1 동점을 만들었다. 수비벽 옆으로 절묘하게 빠져나가는 공에 이운재도 손을 뻗어보았지만 막지 못했다. 1대 1 상황이었지만 한국은 물러서지 않았다. 25m 미만 패스 성공률에서 오히려 독일(78%)을 앞선 한국(88%)은 정교하게 역습을 이어나갔다. 김두현과 김상식의 호흡은 독일 중원을 상대로도 밀리지 않았고, 차두리는 자신보다 작은 수비수인 필립 람에게 끊임없이 일대일 돌파를 시도했다.

그리고 후반 25분 이동국의 그림 같은 골이 터졌다. 박규선의 왼발 크로스가 문전으로 올라오자 이동국은 독일 수비수 두 명과 헤딩 경합을 펼쳤다. 볼이 살짝 흐르자 이동국은 먼저 공쪽으로 뛰어갔고 모두가 뒤에서 기다리는 한국 선수에게 안전하게 패스할 것이라 예상했다. 하지만 이동국은 180도 회전하며 기습적인 오른발 터닝 발리슛을 시도했고, 올리버 칸은 아름다운 공의 궤적을 바라만 볼 수밖에 없었다. 당시 이 골은 대한축구협회가 공식홈페이지에서 실시한 "2004년 한국 각급 대표팀이 기록한 득점 중 가장 멋진 골은?"이란 인터넷 여론조사에서 9,835명 중 6,009명(61.1%)의 압도적인 지지를 받으며 1위를 차지했다.

기세가 오른 한국은 독일을 계속 몰아쳤다. 특히 역습 상황에서 공격 속도를 줄이지 않고, 최소한의 패스로 빠르게 전진하는 한국의 모습이 오히려 전차군단 같았다. 키가 크고 힘이 좋은 남궁도, 조재진을 투입하며 피지컬이 좋은 독일에 정면 승부를 걸었는데 이 역시 성공했다. 후반 41분 한국은 독일의 코너킥을 걷어내며 수비에서 곧바로 공격으로 전환했다. 남궁도가 왼쪽 측면에서 빠르게 독일 진영으로 넘어갔고 크로스를 올려 차두리에게 연결했다. 다소 트래핑이 길었지만, 차두리는 침착하게 골문 앞에 쇄도하는 조재진에게 강하게 패스를 연결했고, 조재진은 무인지경에서 세 번째 골을 터뜨렸다.

▲ 발리슛의 달인 이동국은 독일 골키퍼 올리버 칸이 꼼짝 못할 아름다운 궤적의 골을 터뜨렸다.

경기는 3대 1 한국의 승리로 그대로 끝났다. 이운재가 페널티킥을 막아낸 것 역시 이날 경기의 명장면이었다. 1대 3 패배는 독일이 아시아 국가에 당한 유일한 패배였다. 다음에 치러진 독일은 중국전에서 4골을 퍼부으며 분풀이를 했다. 한편 1998년 혜성처럼 국가대표에 데뷔한 이동국이 6년 만에 유럽을 상대로 기록한 첫 골이었다. 복잡한 생각보다는 스트라이커의 본능적인 골 감각이 만든 예술적인 발리슛이었다.

> 솔직히 슛할 때만 해도 골문이 보이지 않았고 공이 들어가는 것만 볼 수 있었다
> - 이동국

누구도 예상 못한 승리의 원동력은 주눅 들지 않는 자신감이었다. 세계 최고의 골키퍼로 평가받는 올리버 칸을 상대로도 과감히 슈팅을 날리며 3골을 뽑아낸 한국. 가장 불가사의한 승리였지만 그만큼 승리의 쾌감은 두 배였다. 이처럼 객관적인 전력 차이가 존재하더라도 언제나 이변이 벌어질 수 있는 것이 축구다. 그리고 한국과 독일의 친선전은 그런 반전의 묘미가 가장 짜릿했기에 한국 축구팬, 그리고 독일 축구 팬의 뇌리에 깊이 새겨진 명승부였다.

4. 일본의 잔치상에 제대로 코를 푼 박지성

한국과 일본. 두 나라는 역사적으로는 물론 아시아의 축구 강국으로 늘 부딪혔기에 숙적의 라이벌이었다. 하지만 한국에 있어 '한일전'은 단순한 이웃 국가와의 축구 경기 그 이상의 비장한 의미다. 최근 스포츠 내셔널리즘이 약해진 게 사실이지만 축구만큼 유독 내셔널리즘이 강한 종목도 없다. 심지어 국가 간 전쟁(온두라스와 엘살바도르)이 축구에서 발발한 경우까지 있을 정도이고, 정치 사회적으로도 국력 경쟁, 국민 대통합의 수단으로 변질되기도 한다.

하지만 1950년대 한일전은 21세기와 상황 자체가 달랐다. 약 35년간 일제 강점기를 겪으며 수많은 피눈물을 흘린 선조를 생각한다면 한일전은 단순한 공놀이 이상의 전쟁이었다. 1954년 처음으로 열린 한일전이 그랬다. 스위스 월드컵 예선 상대는 일본이었고 경기 방식은 홈앤드어웨이였다. 하지만 한일 국교 정상화 이전인데다가 이승만 대통령이 일본인의 한국 방문을 허락하지 않았기에, 두 경기 모두 도쿄에서 치르게 되었다. "한일전에서 지면 현해탄에 빠져 죽어라." 스포츠를 평화의 상징이 아니라 국민의 원수를 갚는 장이라 생각한 이승만 대통령의 당부에 결국 한국 대표팀은 5대 1, 2대 2로 일본을 제치고 1승 1무로 사상 첫 월드컵 진출에 성공했다.

시간이 흘러도 일본은 언제나 껄끄럽지만, 승리했을 때 쾌감이 가장 큰 상대였다. 그리고 영웅이 탄생하기 제일 좋은 무대였다. 1975년 메르데카 컵에서 해트트릭을 기록하며 일본을 제압한 일등공신 차범근, 1994년 히로시마 아시안게임 8강전에서 두 골을 터뜨리며 화끈한 공방전을 승리로 이끈 황선홍은 축구 팬들에게 독립열사 수준의 칭찬을 들을 정도였다.

그리고 1997년 9월28일 프랑스 월드컵 지역 예선은 여전히 '도쿄대첩'으로 불린다. 조 1위만 본선 티켓이 주어지는 방식이라 한국과 일본 두 나라 중 하나는 떨어질 수밖에 없는 외나무다리 승부였다. 일본의 심장부 도쿄에서 후반 20분 야마구치는 감각적인 슈팅으로 선제골을 뽑아냈다. 야마구치는 고정운의 실수를 놓치지 않았고, 침착하게 골키퍼가 나온 것을 확인하고 키를 넘기는 슈팅으로 승기를 잡았다. 일본 응원단 울트라닛폰의 파란색으로 뒤덮인 도쿄는 이미 열광의 도가니였다.

하지만 후반 38분 서정원의 헤딩이 일본의 골문을 흔들자 분위기는 급격히 한국 쪽으로 넘어왔다. 서정원은 최용수의 헤딩패스를 절묘하게 머리에 갖다 맞추며 붉은 악마에게 잊을 수 없는 동점 골을 선물했다. 하지만 반전 드라마는 그게 끝이 아니었다. 마침내 3분 뒤 이민성은 중거리 슈팅으로 역전골을 터뜨리며 원정 역전승을 이끌었다. 비로 살짝 젖은 그라운드 잔디에 공이 불규칙하게 튀어 올랐고, 경기 내내 선방을 펼친 가와구치를 그대로 지나치며 골로 연결되었다. 이 골로 이민성은 은퇴할 때까지 '도쿄대첩의 영웅'으로 불렸다. 실제 이민성의 호쾌한 중거리 역전 골은 방송사 애국가 배경화면에 꽤 오랜 시간 등장하기도 했다. 더불어 송재익 캐스터의 "후지산이 무너집니다."란 멘트 역시 두고두고 회자되곤 했다.

▲ 애국가 영상에까지 등장한 이민성의 도쿄대첩 중거리 결승골

2000년대 들어 세대가 바뀌고, 세월이 흐르며 한일전은 예전보다 훨씬 잦아지고 그 의미가 많이 약해졌다. 광복 이후만큼의 비장함은 물론이고, 지면 마치 대역 죄인이라도 된 듯 고개를

숙이고 울음을 터뜨리던 선수도 사라졌다. 하지만 그래도 한일전은 한일전이었고, 축구 팬들이 가장 집중하는 경기가 바로 일본과의 경기였다. 그리고 악착같은 투지와 정신력으로 일본을 반드시 이기겠다는 한국인의 근성을 보여준 선수는 바로 박지성이었다.

▲ 사이타마 스타디움에서 빠지면 섭섭한 산책 골 뒤풀이. 박지성과 이동국의 평행 이론

J리그 교토 퍼플상가에서 프로 데뷔를 한 그는 누구보다 일본을 잘 아는 선수였다. 허정무 감독이 이끄는 한국 대표 팀은 오스트리아 전지훈련을 앞두고 일본의 초청을 받았다. 오카다 다케시 일본 감독은 남아공 월드컵 승리를 자신하며 4강 진출을 목표로 잡았고, 월드컵 출정식의 상대로 한국을 점찍었다. 한일 월드컵 4강 진출에 성공하고, 아시아 축구 강국으로 평가받는 한국을 누르고 상승세를 타겠다는 게 그들의 전략이었다.

 하지만 박지성은 6만여 명이 모인 일본 사이타마 경기장에 찬물을 끼얹었다. 경기 시작 6분 만에 쏜살같은 돌파에 이은 중거리 슈팅으로 선제골을 넣었다. 오른쪽 측면에서 공을 빼앗은 박지성은 주저하지 않고 곧장 골대를 향해 달렸다. 하세베, 곤노가 어깨를 잡으며 반칙으로 끊으려 했지만, 박지성은 넘어지지 않고 돌파를 이어갔다. 수비수 엔도, 아베 유키, 나카자와가 당황해서 길목을 막았지만 반 박자 빠르게 강한 슈팅을 날렸다. 골을 터뜨린 이후 박지성의 골 뒤풀이는 압권이었다. 마치 이 정도는 별거 아니란 표정으로 유유히 일본 관중석을 둘러보며 산책하듯 그라운드를 뛰었다. 이른 시간의 골에 놀라거나 기뻐하기보단 차분하게 한국 진영으로 돌아가는 박지성을 보고 일본 선수들은 넋을 잃고 망연자실한 표정을 지었다.

 박지성의 산책 골 뒤풀이가 강렬한 인상으로 남았는지 3년 후 이동국은 이를 따라 하기도 했다. 우라와 레즈와의 아시아챔피언스리그 F조 3차전에서 역전 결승골을 터뜨리고 박지성처럼 편안한 표정으로 상대팀 응원석을 풍경 삼아 가볍게 뛴 것이다. 한편 차두리는 강한 몸싸움으로 아기자기한 축구를 하는 일본 선수들을 헤집고 다녔고, 이청용은 영리한 드리블로 일본을 농락했다. 박주영은 경기 종료 직전 직접 PK를 얻어내고 2번째 골을 성공시키며 완벽한 한일전 2대 0 승리를 완성했다.

스포츠를 단순히 스포츠 자체로만 보는 것이 올바른 방향이겠지만, 어느 정도의 내셔널리즘이 반영되는 것은 재미를 배가시키는 흥미로운 요소가 될 수 있다. "일본 정도는 가볍게 이길 수 있다."고 인터뷰하고 실제로 환상적인 2골을 터뜨리며 일본을 제압한 U-16 대표 팀 이승우에 열광하는 건 어찌 보면 당연한 일이다. 언제나 그렇듯 지는 팀보다 승리하는 팀이 그 기쁨이 더 크고 짜릿하다. 그런 점에서 일본은 무척 매력적인 상대다. 더불어 서로의 성공에 자극을 받고, 각각 발전해나가는 긍정적인 관계를 맺는다면 우리나라에도 더 큰 이익이 될 수 있다.

과학적인 전술과 체계적인 훈련 방식이 중요시되는 2014년이지만, 한일전의 역대 전적을 보면 새삼 정신력, 동기 부여, 팀 스피릿이 얼마나 중요한 요소인지 알 수 있다. 40승 22무 14패. 한일전 역대 전적은 한국 쪽이 압도적으로 우위를 점하고 있다. 한국은 언제나 일본의 체계적이고 장기적인 축구 시스템을 따라가는 후발 주자 역할이었다. 하지만 실제 경기에서만큼은 절대 지지 않는 건 바로 그런 보이지 않는 요소들 덕분이지 않을까?

- 한일전 역대 전적 : 대한민국 우세
- 성인 대표팀 : 76전 40승 22무 14패 (2013년 7월 28일 기준)
- U-23(아시안게임, 올림픽) : 14전 6승 4무 4패(2014년 9월 28일)

5. 한국 최초 FIFA 주관 월드컵 우승. 세계 최정상에 오른 U-17 소녀들의 기적

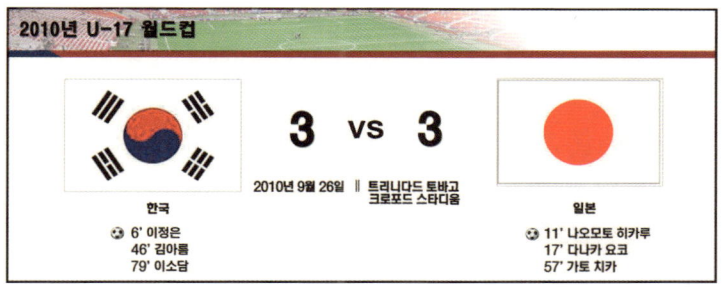

1983년 멕시코 세계청소년선수권대회, 2002년 한일 월드컵, U-20 여자 월드컵에 이어 FIFA 주관 세계 대회 네 번째 4강 진출, FIFA 주관 세계 대회 첫 우승. 그 주인공은 최고의 지원과 사랑을 받는 남자 대표팀이 아닌 U-19 어린 여자 선수들이었다. 1954년 스위스 월드컵에 처음 세계무대에 도전한 한국에게 우승 소식은 믿기지 않는 축복이었다. 당찬 그녀들이 일궈낸 우승은 '기적'이란 말밖에 표현할 단어가 없었다. 트리니다드 토바고의 포트 오브 스페인에서 열린 FIFA 여자 U-17 월드컵의 기적이 현실로 이뤄진 순간이었다.

공교롭게도 결승 무대 상대는 가깝고도 먼 나라 일본이었다. 한국 선수들은 척박한 저변에서도 열정적으로 부딪혔고, 개인이 아닌 팀으로 강력한 우승후보와 겨뤘다. 냉정하게 한국은 일본의 상대가 되지 않았다. 여자 축구의 흐름을 살펴볼 때 전통은 물론 인프라, 선수 저변, 지원, 경험까지 모두. 한국의 등록

팀 현황은 초등학교부터 프로까지 모두 합쳐도 고작 76개다(2014년 등록 기준 : 초등학교 23개, 중학교 19개, 고등학교 18개, 대학 9개, WK리그 7개)

  2008년 창단해 2년 만에 WK리그 우승을 차지할 정도로 강팀인 수원시설공단은 2012년 하루아침에 수원시로부터 해체 통보를 받았다. 팬들의 서명과 수원시의 입장 철회로 수원시설공단은 극적으로 살아남았지만, 충남 일화는 2012년 해체 수순을 밟았다. 팀 선택의 폭이 좁은 한국 여자 축구 선수들에게는 드래프트는 인생의 전부와 다름없다. 심지어 군에서 운영하는 부산 상무는 실제 지명된 선수들이 군인 신분으로 뛰게 된다. 그래서 훈련소에 입소하여 일반 장교와 똑같은 훈련을 받고, 실제 근무까지 서야 한다(3개월 동안 부사관 학교에서 훈련을 받고 육군 하사로 근무한다).

  하지만 그렇게라도 프로 무대에서 축구를 업으로 삼고 싶어 하는 선수들은 줄을 섰다. 반면 일본에는 체계적이고 역사가 있는 리그가 있다. '나데시코 재팬'이란 애칭으로 불리는 여자 축구 대표팀은 아시아는 물론 국제 대회 성적도 좋았다. 2011년부터 계속 피파 랭킹 3위를 유지할 정도로 강호로 분류되었다. 3만 명이 넘는 등록 선수가 넘치는 일본은 엘리트, 생활 체육이 모두 체계적이고 탄탄했다. 약 20배가 넘는 축구팀이 존재하는 일본에서 여자 축구는 단순한 비인기 종목이 아닌 하나의 문화로 자리 잡았다. 일본은 치밀하게 연령별 대표를 관리했으며, 과학적인 프로그램을 적용하며 그들의 성장을 도왔다. 미국, 독일 등 선진 축구에 뒤지지 않는 육성 프로그램을 자랑할 정도였다.

▲ U-17 월드컵 우승이란 쾌거를 거둔 여자대표팀

하지만 그라운드에서 한국은 일본을 상대로 전혀 주눅 들지 않았다. 게다가 한국은 여민지라는 특출 난 에이스가 있었다. 스트라이커 여민지의 컨디션은 최상이었다. 조별리그, 8강, 4강 총 5경기에서 8골 2도움을 기록할 정도였다. 160cm의 작은 키였지만 여민지의 축구 센스와 집중력은 같은 또래를 훨씬 뛰어넘었다. 이를 바탕으로 여민지는 8강 나이지리아 전에서는 무려 4골 1도움을 몰아넣으며 팀의 6대 5 승리를 도왔다. 최덕주 감독은 패스에 능한 일본을 상대로 안정적인 전략을 준비했다. 에이스 여민지의 한방이 있기에 탄탄한 수비력으로 실점을 최소화한다면 기회가 있으리라 예상한 것이다.

하지만 의외로 경기는 난타전 양상으로 흘렀다. 첫 물꼬는 한국의 이정은이었다. 경기 시작 6분 만에 이정은이 날린 호쾌한 중거리 슛이 그대로 골문을 뒤흔든 것이다. 결승전답게 조심스러운 초반 분위기가 단숨에 한국 쪽으로 넘어온 순간이었다. 하지만 일본은 5분 만에 페널티 아크 정면에서 나오모토 히카루가 침착하게 동점골을 터뜨렸다. 뒤이어 다나카 요코가 수비수의 압박을 이겨내고 역전골을 만들어냈다. 세밀한 패스와 과감한 중거리 슈팅으로 무장한 일본은 전반전을 지배했다. 57%의 볼 점유율을 기록할 정도로 볼 소유 시간이 길었고, 한국은 차분하게 수비하며 역습을 노리는 양상이었다.

전반 종료 직전 이번에도 중거리 골이 터졌다. 상당히 먼 거리에서 김아름이 오른발로 강하게 찬 공이 그대로 골문으로 빨려 들어갔다. 아직 체격 조건이나 힘이 성인보다 열세인 17살 소녀가 때린 슈팅이라고는 믿을 수 없는 강력하고 통쾌한 골이었다. 2대 2로 끝난 전반전의 긴장감은 후반전에도 이어졌다. 여민지는 계속 드리블 돌파를 시도했지만 일본 수비수의 집중 견제를 받아 골을 터뜨리지 못했다. 그런 기회를 틈타 일본은 가토 치카의 골로 3대 2로 달아났다. 요코야마 구미가 크로스한 공을 김민아가 선방했지만, 혼전 중에 가토 치카가 달려들어 세 번째 골로 마무리했다.

이후에도 경기의 주도권은 일본 쪽이었다. 측면과 중앙을 오가며 슈팅을 시도했고, 한국은 김민아 골키퍼의 선방과 수비수들의 몸을 날린 태클로 아슬아슬하게 경기를 이어갔다. 후반 30분 장슬기의 슈팅이 크로스바에 맞는 등 불운까지 따랐다. 점점 초조함이 몰려올 시간이 다가왔지만 한국은 조급해 하지 않고 약속된 플레이를 계속했다. 그리고 일방적인 일본의 공격에도 추가 실점을 내주지 않은 보람이 후반 34분 최고조에 달했다. 후반 33분 교체 투입된 이소담이 과감한 중거리 슈팅으로 동점골을 만들었고 패배의 그림자가 드리운 한국을 구해냈다. 전후반 90분을 모두 마친 17살 소녀들은 급격한 체력 저하에 시달렸다. 하지만 계속된 공격에도 골을 넣지 못한 일본 역시 체력적 부담이 막심했다.

▲ 어린 소녀들이 120분이 넘는 경기 내내 포기하지 않고 부지런히 뛰었다.

결국 연장전 내내 서로 확실한 공격을 하지 못한 채 그대로 정규 시간은 끝났다. 우승은 승부차기에서 갈릴 운명이었다. 일본의 선축으로 진행된 승부차기는 한국에게 불리한 방향으로 흘렀다. 첫 번째 키커 이정은의 슈팅을 히라오 골키퍼가 왼손으로 막아내며 한골 뒤진 채로 시작했기 때문이다. 하지만 곧바로 일본의 두 번째 키커 와다 나오코가 크로스바를 넘기는 슈팅을 날리며 다시 기회가 찾아왔다. 비록 골은 넣지 못했지만 계속 일본 수비수를 괴롭힌 여민지는 차분하게 페널티킥에 성공했다. 일본은 나카다 아유, 하마다 하루카, 나오모토 히카루가 나란히 승부차기를 성공했고, 한국 역시 이소담, 김다혜, 김아름이 부담감을 이겨내고 골에 성공했다. 그리고 마침내 6번째 키커에서 승부는 갈렸다. 무라마츠 토모코가 날린 슈팅이 크로스바에 맞은 반면, 장슬기는 깔끔하게 골망을 흔들며 길고 긴 120분의 사투를 승리로 끝냈다.

직접 경기를 뛰는 선수는 물론 지켜보는 팬들도 환희와 감동을 만끽했다. AGB닐슨 미디어리서치에 따르면 이날 생중계한 결승전의 서울 지역 실시간 시청률은 16.1%, 점유율은 35.8%에 육박했다. 역전에 역전을 거듭한 결정적인 순간에는 분단위 최고 시청률이 무려 28.7%에 달했다. 일방적인 일본의 공격을 잘 막아내고, 과감한 중거리 슈팅을 날린 한국의 기막힌 승리에 모두가 기뻐했다. 결승전은 '끈기'로 요약할 수 있는 경기였다. 전체 슈팅수(15대 37), 유효 슈팅수(9대 22), 점유율(46% 대 54%). 어느 하나 앞선 수치가 없었지만 파울 수는 일본의 3배에 달했다(일본 7개, 한국 21개). 하지만 이런 파울은 안티 풋볼, 비매너가 아닌 강력한 전진 압박과 영리한 태클에서 나온 결과였다. 끝까지 포기하지 않는 정신력, 그것이 바로 다윗 한국이 골리앗 일본을 이긴 원동력이었다.

여민지는 이 날 경기에서 골은 터뜨리지 못했지만 득점왕, MVP, 우승을 독차지하며 '트리플 크라운'이란 대기록을 세웠다. 2009년 태국 방콕에서 열린 U-16 AFC 토너먼트에서 무려 10골(전 경기 득점, 해트트릭 2회 연속)을 퍼부으며 보여준 실력이 세계에서도 통한다는 걸 직접 증명했다. 이런 영예는 무릎

십자인대의 5분의 1이 끊어져 수술을 하고 나서도 부지런히 재활한 그녀의 성실함에서 출발했다. 축구를 시작한 초등학교 4학년 이후 매번 써온 축구 일기에서도 축구에 대한 열정과 진심을 느낄 수 있을 정도였다.

자랑스러운 U-17 월드컵 우승 이후에도 여자 축구는 승승장구 중이다. 2010년 피스퀸컵 우승, 광저우 아시안게임 동메달, 2014년 아시안컵 4위 등 꾸준히 성장하고 있다. 하지만 이들을 향한 우리의 관심은 과연 꾸준할까? FIFA 월드컵 우승이 아니면 이 정도로 언론과 국민의 이목조차 끌지 못했을 것이다. 마치 4년마다 반짝 인기를 누리는 비인기 종목의 설움과도 같다. 매주 월요일 강원도 화천, 경기 이천, 충북 보은에서 WK리그가 열리는 사실조차 모르는 이들이 대다수다.

WK리그가 느리고 재미없다는 말도 편견이다. 7팀 모두 나름대로 특색 있는 전술과 팽팽한 실력을 다툰다. 최근에는 기량이 뛰어난 높은 외국인 선수들까지 가세해 더욱 박진감 넘치고 수준 높은 경기력을 뽐내고 있다. 브라질 대표로 월드컵도 뛰었던 쁘레치냐, 따이스, 베아트리제 등이 대표적인 선수들이다.

이 밖에도 U-17 월드컵 우승 세대, U-20 월드컵 3위 세대가 무럭무럭 자라서 그라운드에서 화끈한 경기를 선보이고 있다. 언제까지 헝그리 정신, 기적을 바랄 수는 없다. 이러한 지속적인 응원과 체계적인 관심없이 그녀들의 기적을 바라는 건 지나친 욕심, 아니 황당한 망상이나 다름없기 때문이다. 미움보다 더 무서운 건 무관심이다. 열악한 환경에서 기적을 일궈낸 소녀들이, 체계적인 환경에서 새로운 기적을 만들어낼 수 있도록 격려를 보낼 때다.

6. 광저우를 수놓은 뜨거운 청춘들의 하나된 마음, 그리고 지켜낸 마지막 자존심

2012 런던 올림픽 동메달은 대한민국 축구의 가장 큰 수확 중 하나다. 올림픽 참가 후 처음으로 메달을 따냈는데, 한 경기 한 경기가 짜릿한 승부였다. 패기 넘치는 한국 선수들은 무서울 게 없었다. 비록 화려한 개인기의 브라질에 0대 3 패배를 당했지만, 짜임새 있는 축구로 축구 팬에 감동을 선물했다. 백전노장 긱스까지 와일드카드로 영국 대표 팀에 합류하며 우승 후보로 손꼽힌 영국도 승부차기 끝에 이겼다. 동메달이 걸린 운명의 한일전에서도 통쾌한 두 골로 승리를 거두었다.

동메달 신화를 써내려 간 런던 세대의 주역은 2년 전 실패 아닌 실패에서 한층 성장한 '홍명보의 아이들'이었다. 잉글랜드 프리미엄 리그에서 뛰면서 벤치 신세를 면치 못한 지동원은 다름 아닌 영국을 상대로 통쾌한 중거리 슛을 꽂아 넣었다. 온 국민을 열광하게 한 골의 주인공 박주영, 구자철 역시 2년 전 광저우에서 슬픔과 아쉬움의 눈물을 흘렸다. 이들 모두 2010년 광저우 아시안 게임에서 후회 없는 명승부를 펼친 선수들이다.

아시아 최강을 자부하는 한국은 무색하게도 1986년 서울 아시안 게임 이후 금메달을 딴 적이 없다. 번번이 중동 강호에 발목을 잡히며 '아시아의 호랑이'란 별명이 머쓱해질 정도였다. 특히 이란은 무척 까다롭고 힘든 상대였다. 아시아 국가임에도 유럽 선수 못지않은 다부진 체격을 자랑하고, 기술 역시 세밀하며 짜임새 있는 팀이었기 때문이다. 게다가 '침대 축구'로 유명한 시간 지연, 더티 플레이로 언제나 한국을 괴롭혔다.

하지만 4회 우승(1974, 1990, 1998, 2002)을 자랑하는 이란은 단순히 지저분한 축구를 구사하는 팀이라 깎아내리기엔 탄탄한 전력이었다. 알리 다에이, 알리 카리미, 마다비키아, 네쿠남. 이름만 들어도 한국 팬들의 간담을 서늘하게 하는 이란의 에이스들은 한국에 아픈 패배를 안겨주기 일쑤였다.

▲ 아랍에미리트에 발목이 잡힌 한국

2010년 광저우 아시안 게임 동메달 결정전도 똑같은 흐름이었다. 한국은 16강부터 개최국 중국을 3대 0, 우즈베키스탄을 3대 1로 이기며 금메달을 목표로 전진했다. 하지만 아랍에미리트와의 준결승전에서 한국은 무너지고 말았다. 경기 내내 박주영, 김보경의 슈팅을 온몸으로 막아낸 골키퍼 후사니는 경기를 지배했다. 조급해진 한국은 마지막 슈팅에 정교함이 부족했고, 아랍에미리트는 측면을 활용하며 영리한 역습을 펼쳤다. 결국 아랍에미리트의 아흐메드 알리 알라브리는 극적인 결승골을 연장이 끝날 무렵인 122분에 성공시켰다. 승부차기를 준비하기 위해 골키퍼를 김승규에서 이범영으로 교체하며 수비 라인이 어수선한 틈에 아랍에미리트의 골이 터진 것이다. 이범영은 승부차기에 유독 강한 선수였고, 홍명보 감독의 준비된 교체였다. 하지만 오히려 승부차기 상황을 단정 지으며 수비수들의 집중력 저하를 불러일으켰고 이는 돌이킬 수 없는 실점으로 이어졌다. 단판 승부인 준결승에서 교체하자마자 승부는 갈렸고, 초보 감독 홍명보의 한계가 여지없이 드러났다는 비난 여론도 생겨났다.

> "선수들에게 열심히 해 달라는 말도
> 차마 하기 어려운 상황이었다."
> - 홍명보 감독

무거운 분위기 속에서 이란과의 3, 4위전은 시작됐다. 이란은 일본에게 1대 2로 패했지만, 병역 면제 혜택이 걸려 있는 금메달도 놓쳤기에 자칫 무기력한 경기가 펼쳐질 위험성도 컸다. 우려는 현실이 되었다. 전반 5분 홍정호의 불안한 볼 처리를 이란이 가로챘고 이는 곧바로 선제골로 이어졌다. 초반 실점으로 한국은 경기의 흐름을 완전히 내줬다. 한국 선수들의 발은 무거웠고, 패스나 슈팅도 의욕이 없어 보였다. 전반 추가 시간 프리킥 세트피스에서 아수후리가 정확한 크로스로 추가 골을 넣었다. 아랍에미리트전이 끝나고 48시간도 지나지 않아 치러진 강행군 탓인지 선수들은 손발이 전혀 맞지 않았다.

▲ 스트라이커 지동원이 끝까지 포기하지 않고 한국의 자존심을 지켰다.

하지만 하프타임이 끝나고 선수들은 비장함으로 똘똘 뭉쳐 그라운드에 돌아왔다. 한국 축구의 자존심이 무기력한 패배를 허용하지 않았기 때문이다. 후반 시작 2분 만에 주장 구자철이 아름다운 왼발 중거리 슈팅으로 추격의 물꼬를 텄다. 강력하면서 정확한 슈팅으로 추격의 빌미를 마련한 것이다. 하지만 기쁨도 잠시였다. 1분 만에 이란의 안사리가 침착한 드리블에 이은 기습적인 아웃프런트 슈팅으로 다시 달아났다. 패색이 짙었지만, 여전히 한국 선수들의 움직임은 재빠르고 간절했다. 후반 33분 박주영이 윤빛가람의 패스를 이어 받아 골을 터뜨렸다. 박주영의 위치 선정과 침착한 마무리, 윤빛가람의 이타적인 패스가 돋보인 순간이었다. 그리고 후반 막판 기적이 일어났고, 그 중심에는 지동원이 있었다. 6경기 내내 한 골도 넣지 못한 채, 교체로만 나온 지동원. 하지만 그는 언제나 단 몇 분이 주어지더라도 최선을 다해 뛰었고 몸을 사리지 않았다. 큰 경기에 강한 특유의 킬러 본능은 스트라이커 지동원의 타고난 능력이었다. 후반 43분 서정진이 올린 크로스를 껑충 뛰어올라 헤딩 슈팅으로 연결했고, 공은 사각지대로 빨려 들어갔다.

　기세가 오를 대로 오른 지동원의 집중력은 최고조였다. K리그에서도 신인답지 않은 당돌하고 적극적인 움직임으로 유명한 지동원은 끈질기게 이란을 괴롭혔다. 그리고 마침내 후반 44분, 윤석영의 크로스를 다시 한 번 헤딩골로 연결하며 값진 역전승을 확정 지었다. 젊은 청춘들은 서로 꼭 껴안아 주며 감동의 눈물을 흘렸다. 젊은 청춘이 이룬 성과는 단순히 동메달이 아니었다. 그들이 배운 것은 아시아 최강이란 자존심을 지키기 위해 뜨겁게 달리며 배운 '집념'이란 단어였다. 그리고 광저우에서 남은 아쉬움은 2년 후 런던에서 더 큰 감동으로 돌아왔다. 물론 4년 후 엔트'으리' 논란을 일으키며 브라질 월드컵의 실패를 누구도 예상치 못했겠지만.

7. 벼랑 끝에서 대한민국을 구한 풋내기, 손세이셔널 손흥민의 첫 걸음

▲ 최악의 상황에서 결국 영웅이 탄생하기 마련이다.
해결사 손흥민이 한국을 벼랑 끝에서 구해냈다.

최악의 상황이었다. 1986년 멕시코 월드컵 이후 7회 연속으로 세계무대에 출전한 한국이 자칫 기록이 깨질 위기였다. 조광래 감독은 2011년 12월 8일 전격 경질되었고, 늘 그렇듯 외국인 감독이 후보군에 올랐지만, 실질적인 대안이 없었다. 결국 K리그 클래식에서 전북 현대를 성공적으로 이끌던 최강희 감독이 독이 든 성배를 들었다. 팀을 본선에 올려놓은 후 소속팀으로 복귀한다는 사상 초유의 '시한부 감독'이 탄생한 것이다. 하지만 준비 기간이 너무나 부족했고, 리그와 국가대표는 달랐다. 시행착오를 겪으며 점차 강력해진 '닥공 축구'는 최광희표 트렌드였다. 리그를 주름잡았던 최광희 감독은 관중을 위한 공격 위주의 즐거운 축구를 했지만, 본선 진출이 최우선 목표인 국가대표는 실속 위주의 안정적인 전략을 펼쳤다.

하지만 A매치 3연패, 우즈베키스탄과의 최종예선 3차전 무승부(2대 2), 해외파와 국내파의 갈등설 등 상황은 좋지 않았다. 게다가 같은 조 나라들의 전력도 상향평준화가 된 상태였다. 전통의 강호 이란, K리거 제파로프, 게인리히, 카파제가 포진해 한국의 장단점을 잘 아는 우즈베키스탄, 침대 축구로 악명이 높은 카타르, 이란을 1대 0으로 잡는 저력을 보여준 복병 레바논 등 한국의 흐름은 분명 좋지 않았다. 2승 1무 1패였지만 카타르전 이후 부담스러운 이란, 우즈베키스탄전이 기다리고 있었고, 레바논 원정도 남아 있었다.

만약 카타르전을 비긴다면 경우의 수를 따졌을 때 직접 1, 2위를 다투는 이란, 우즈베키스탄을 무조건 이겨야 하는 부담스러운 상황이었다. 조 2위까지 주어지는 월드컵 티켓은 손쉽게 얻을 수 있는 선물이 아니었다. 설사 3위를 한다고 하더라도 남미팀과 플레이오프를 거쳐야 하므로 본선 진출 가능성은 더욱 줄어들 게 뻔했다(실제 남미 예선 5위 우루과이가 아시아 요르단을 5대 0으로 대파하며 브라질 월드컵에 진출했다). 최근 최종예선 경기에서 천적 네쿠남의 결승골로 이란에 0대 1 패배를 당한 한국. 분위기 반전을 위해서라도 반드시 승리가 필요했다.

분위기 반전이 필요한 대한민국은 김신욱과 이근호 투톱을 가동해 밀집 수비를 뚫기 위해 노력했다. 최광희 감독은 이청용, 지동원 등 공격적인 성향이 강한 선수들을 대거 투입하며 초반에 승기를 잡기 위한 승부수를 던졌다. 구자철, 기성용에게 수비적인 역할을 부여했지만 둘 다 여차하면 중거리 슈팅으로 골을 노릴 수 있는 선수들이었다.

반면 원정 경기에서 무승부만 거둬도 성공인 카타르는 쉽사리 적극적으로 공격에 나서지 않았다. 전반 26분 지동원의 슈팅, 전반 45분 김신욱의 헤딩이 모두 카타르의 밀집 수비에 막히며 이렇다 할 기회를 만들지 못했다. 전반 내내 공격을 주도했지만 여전히 0대 0. 오히려 초조한 쪽은 한국이었다. 승리가 필요한 홈 경기에서 무득점 무승부는 타격이 크기 때문이었다. 골 득실, 다득점 차이로 순위가 나뉠 가능성도 높은 막판에 악영향을 끼칠 수 있었다. 다행히 고대하던 선제골은 후반 15분 이근호의 머리에서 나왔다. 박원재가 왼쪽에서 올린 패스를 중동 킬러 이근호가 감각적인 백헤딩으로 방향을 바꿨고, 골키퍼를 지나 그대로 골로 연결되었다.

하지만 3분 만에 다시 희비가 엇갈렸다. 오랜만에 공격에 나선 카타르의 칼판 이브라힘이 페널티 아크 밖에서 기습적인 슈팅을 날렸고, 이는 그대로 동점 골로 이어졌다. 카타르의 밀집 수비도 거칠고 탄탄했지만, 전체적으로 한국의 움직임은 둔하고 무거웠다. 이른 시간에 골을 허용하며 경기는 더욱 안 좋은 방향으로 흘러갔다. 질 것 같진 않았지만, 그렇다고 이길 것 같지도 않은 답답한 흐름이었다. 그때 후반 36분 손흥민이 그라운드에 나섰다. 2010년 함부르크 유스팀에서 성인팀으로 올라선 후 거침없는 성장세를 보였던 초특급 유망주였다. 분데스리가에서 점차 출전 경기, 득점을 높이더니 어느덧 2012/13 시즌에는 차범근 이후 최초로 두 자릿수 득점에 다가섰다.

▲ 분데스리가 적응을 마치고 본격적으로 맹활약을 펼치는 손흥민

21세란 어린 나이, 탄탄한 기본기에서 뿜어져 나오는 폭발력. 이미 유럽 무대에서는 모두가 주목했지만, 대한민국 대표 팀에

만 오면 그의 입지는 아직 풋내기였다. 중앙에선 박주영, 김신욱, 이동국, 측면에서는 이청용, 이근호 등 여러 베테랑에 밀려 주로 교체 출전에 그쳤기 때문이었다. 하지만 손흥민은 자신의 역할에 불평하기보다는 부지런히 선배들의 장점을 흡수하며, 웃음을 잃지 않고 적극적으로 훈련에 임했다. 그리고 성실한 훈련의 결실은 더 빠르게 중요한 순간에 나타났다.

후반 추가 시간 헤딩 경합에서 흘러나온 공을 교체 투입된 스트라이커 이동국이 따라갔다. 산전수전을 겪으며 노련함이 더해져 제2의 전성기를 누리는 이동국은 지체 없이 감각적인 로빙 슈팅을 날렸다. 이동국의 슈팅은 절묘하게 골키퍼를 넘겼지만, 아쉽게도 크로스바에 맞고 나왔다. 그리고 그때, 공 앞에는 막내 손흥민이 서 있었다. 손흥민은 침착하고 빠르게 공을 밀어 넣으며 천금 같은 결승골을 종료 직전에 성공시켰다.

화려한 중거리 슈팅, 감각적인 발리슛, 폭발적인 드리블 돌파도 아닌 평범한 밀어넣기였지만, 단순한 한 골 이상의 큰 의미가 있었다. 과정이야 어쨌든 반드시 승리라는 결과물이 필요한 순간이었기 때문이다. 아시안컵 인도전에서 터뜨린 데뷔 골 이후 2년 만이었다. 손흥민의 A매치 2호 골이 한국을 벼랑 끝에서 구해내며 남은 경기의 부담을 훨씬 덜어주었다. 카타르전은 손흥민이 더 이상 미완의 대기가 아닌 대표 팀에서 더욱 중요한 선수로 한 뼘 성장하는 데 어마어마한 역할을 한 경기였다. 손흥민 자신은 물론, 대표 팀 모두에게도 가치 있는 한판이었다.

8. 팀보다 위대한 선수는 없다. 무실점 금메달을 이뤄낸 인천 아시안게임의 위엄

28년

한국이 1986년 서울 아시안게임 이후 금메달을 목에 걸기 위해 기다린 시간이다. 한국은 아시아의 호랑이라 자부하며 화려한 월드컵 4강 신화를 썼지만, 정작 아시아 무대에선 초라한 종이호랑이였다. 병역 혜택이 걸린 금메달에 대한 부담감 때문일까? 와일드카드 3장의 조화가 부족했던 탓일까? 2002년 부산 아시안게임에선 믿었던 마지막 키커 이영표가 승부차기에서 실축하며 패했고, 2006년 도하 아시안게임에선 이라크에 발목을 잡혔다. 2010년 광저우 아시안게임에서도 숙적 일본의 전승 우승을 배 아프게 지켜만 봐야 했다.

하지만 인천에서 열린 2014년 아시안게임은 달랐다. 자국에서 열리는 대회인 만큼 반드시 우승해야 한다는 부담감이 컸지만, 이광종 감독은 이를 철저한 준비로 이겨냈다. 손흥민이 소속팀 바이에른 레버쿠젠의 차출 거부로 대표 팀에서 빠졌지만 흔들리지 않았다. 슈퍼스타가 없이 역대 최약체란 평가를 받았고, 큰 관심을 받지 못했지만, 아시안게임 대표 팀의 조직력은 서서히 끈끈해졌다. 20명의 선수는 누구 하나 튀지 않고 똘똘 뭉쳐 최고의 팀으로 거듭난 것이다.

와일드카드

와일드카드 3장도 공격과 수비의 약점을 고르게 메웠다. 골키퍼는 2014 브라질 월드컵 벨기에전에서 진가를 뽐낸 김승규를 낙점했다. 연령별 대표팀을 두루 거치며 엘리트 코스를 밟은 주전 골키퍼 노동건이 있었다. 하지만 최근 소속팀에서 정성룡에 밀려 출전 기회를 꾸준히 잡지 못했기에 이광종 감독은 김승규의 경험과 순발력을 믿었다. 게다가 한국을 상대하는 아시아 국가 대부분은 '선 수비 후 역습' 전술을 준비하며, 최악의 경우 승부차기로 승패가 갈릴 수 있었기에 김승규 카드는 선택이 아닌 필수였다. 17살의 어린 나이에 울산에 입단한 김승규는 승부차기에 특히 강했다. 무려 2008년 플레이오프 포항전에서 데뷔해 노병준, 김광석의 슈팅을 차례로 막아내며 승부차기 승리를 이끌었을 정도였다.

미드필더는 분데스리가 마인츠05에서 맹활약 중인 박주호의 몫이었다. 그는 봉와직염 수술 여파로 브라질 월드컵에서도 출전 기회를 아예 잡지 못했던 아쉬움을 달래기 위해 더욱 아시안게임을 철저히 준비했다. 골키퍼 2명을 제외하면 필드플레이어가 18명밖에 되지 않는 아시안게임 엔트리에서 그의 존재는 전술적으로 큰 도움이 되었다. 윙백, 수비형 미드필더, 왼쪽 공격형 미드필더까지 전부 소화 가능한 박주호는 부상 변수가 큰 빠듯한 일정에 유연함을 불어넣어 주었다. 공격수는 모두가 예상한 장신스트라이커 김신욱이었다.

> "역대 와일드카드 중 내가 제일 부족하다. 팀을 위해 희생하는 모습을 보여주겠다."
> - 김신욱

▲ 와일드카드 김신욱은 부상을 참으며 뛰었다.

2013년 K리그 클래식에서만 무려 36경기 19골 6도움이란 어마어마한 폭발력을 선보인 그는 의심할 여지없이 와일드카드 1

순위였다. K리그 대표 공격수 김신욱은 큰 키를 활용한 포스트 플레이는 물론 발재간도 좋아 기존 멤버들과의 무난한 호흡을 맞추리라 평가받았다. 아시아 무대에서 압도적으로 큰 키는 세트피스 상황에서 특히 강력했고, 직접 골을 넣지 않더라도 상대 수비수를 집중시켜 기회를 만들어주는 이타적인 임무를 수행했다.

13득점 0실점

우승의 비결은 역시 탄탄한 수비력이었다. 한국은 조별리그 3경기(말레이시아, 사우디아라비아, 라오스), 16강 홍콩전, 8강 일본전, 4강 태국전, 결승 북한전까지 모두 무실점 경기를 펼쳤다. 단판 승부로 펼쳐지는 토너먼트에선 공격보단 수비가 실리를 챙기기 위해 현명한 선택이었다. 이광종 감독은 1골이라도 먼저 내주면 곧 그 경기는 패배라고 생각하고 탄탄한 수비 라인을 준비했다. 아시아 내에서는 몇몇 국가를 제외하곤 대부분이 한국을 상대로 걸어 잠그고 세트피스나 역습 상황에서 한 골을 노리기 때문이었다.

무실점 우승의 중심에는 장현수가 있었다. 부상의 아픔으로 런던 올림픽, 브라질 월드컵 대표 명단에서 제외되었지만 장현수는 크고 빠른 중앙 수비수로 이광종 감독의 신뢰를 한 몸에 받았다. 침착하고 안정적인 수비가 장점인 장현수는 연세대를 거쳐 일본, 중국리그에서 다양한 경험을 쌓았다. 특히 8강 일본전 부담스러운 PK 상황에서도 침착하게 슈팅에 성공하며 1대 0 승리의 주인공이 되었다.

▲ 4백 라인은 안정적인 수비력을 뽐냈다.

결전의 날, 10월 2일

결승 상대는 북한이었다. 1978년 방콕 아시안게임에서 북한과 결승전에서 맞붙은 이후 36년 만의 재회였다(당시 무승부로 공동 우승). 2010년 광저우 아시안게임 조별리그에서 이미 0대 1로 패한 기억이 있기에 쉽지 않은 결승전이 될 것이라 예상했다. 무엇보다 북한의 기세는 하늘을 찌를듯했다. 이라크와 준결승에서 연장전까지 돌입하며 체력적인 문제를 드러냈지만, 연장 전반 6분 정일관의 그림 같은 골이 터지며 짜릿한 승리를 거두었기 때문이다. 더군다나 북한 여자대표팀이 금메달을 따며 남녀 축구 동반 금메달이란 목표 의식이 뚜렷했다. 준결승에서 한국을 2대 1로 극적으로 꺾고, 결승에서 일본마저 무찌른 여자

대표팀의 기운을 이어받겠다는 것이었다. 빠르고 간결한 역습으로 무장한 북한은 효율적인 축구를 구사했다. 8강 아랍에미리트전, 준결승 이라크전 모두 1대 0으로 이기며 차근차근 결승까지 올라온 저력의 팀이었다.

예상대로 경기는 매우 치열한 양상이었다. 한국과 북한 모두 측면과 중앙을 넘나들며 빠르게 공격을 시도하였고 아슬아슬한 흐름이 이어졌다. 전반 18분 북한 리혁철이 서경진의 크로스를 헤딩으로 연결했고 김승규가 몸을 날려 공을 막아냈다. 조별리그부터 꾸준히 호흡을 맞춰온 김진수-김민혁-장현수-임창우 포백 라인은 적극적으로 북한의 공세를 막아내며 무실점을 이어갔다. 한국 역시 이종호와 이용재가 적극적으로 북한 선수들과 몸싸움을 벌이고, 김승대가 영리한 드리블로 수비를 무너뜨리려 시도했다. 하지만 북한 수비수 역시 몸을 날리고, 끝까지 집중력을 잃지 않아 이렇다 할 결정적인 장면이 나오진 않았다.

단 한 골 차 살얼음판 승부는 결국 정규 시간 이후로 넘어갔다. 이광종 감독은 연장 후반에 결국 부상으로 컨디션이 좋지 않은 김신욱을 교체 투입했다. 김신욱은 다리를 절뚝거리면서도 끝까지 공을 따라가고 헤딩 경합을 하며 투혼을 보여주었다(결국 김신욱은 오른쪽 종아리뼈 골절상으로 남은 K리그 클래식 시즌 모든 경기에 출전 불가 판정을 받았다). 동료들도 그 정도로 김신욱의 부상이 심한 줄 몰랐을 정도로, 그는 팀 분위기를 해치지 않기 위해 온 힘을 다했다.

▲ 임대의 성공 신화 임창우

신데렐라 임창우의 인생 역전 골!

결국, 승부를 가른 한 골은 연장 후반 추가 시간 1분에 임창우의 발끝에서 터져 나왔다. 코너킥 상황에서 높게 휘어져 온 공은 이용재의 무릎을 맞고 골문으로 향했다. 골대 앞을 지키던 4~5명의 북한 선수들은 뒤엉키며 급하게 공을 걷어냈다. 공이 골라인을 넘었는지 아닌지 판단이 모호한 상황이었다. 하지만 곧바로 임창우가 그런 애매한 상황을 깨끗하게 종결지었다. 임창우는 침착하게 비좁은 틈 사이로 강력한 오른발 발리 슈팅을 날렸고, 공은 시원하게 그물을 흔들었다. 금메달이 확정된 순간 모든 선수가 환희에 차 얼싸안고 울었다. 종료 직전까지 집중력을 잃지 않은 선수들의 노력이 빛을 발한 순간이었다.

특히 K리그 챌린지 소속 임창우는 인천 아시안게임의 신데렐라로 거듭나며 폐회식 기수로까지 선정되는 영광을 누렸다. K리그 챌린지의 대전 시티즌에서 뛰는 임창우는 누구도 주목하지 않는 선수였다. 각급 대표팀에 선발되는 엘리트 코스를 거쳤지만, 프로 무대에서 그렇다 할 성과를 내지 못했기 때문이다. 울산 현대에 입대한 뒤 4년간 고작 6경기에 뛰며 기회를 쉽게 잡지 못했다. 결국 경찰청 입대까지 모두 준비를 했지만 대전 시티즌의 임대 요청을 받고 마음을 고쳐먹은 게 신의 한 수였다. 대전에서 꾸준히 출전 기회를 잡으며 경기력을 끌어올렸고, 아시안게임 대표 선발 이후 훈련 내내 가장 열심히 노력했기에 결승골의 기회를 잡을 수 있었다.

▲ 무실점 금메달이란 위업을 달성한 인천 아시안게임 대표팀

2014 인천 아시안게임은 축구가 팀 스포츠란 걸 증명한 대회였다. 특출난 스타 플레이어는 다른 대회보다 분명 부족했다. 와일드카드 3명과 장현수, 김진수, 윤일록을 제외하고는 모든 선수가 국가대표 A매치에 뛰어보지 못했을 정도로 아직 유명세를 치르고 있진 않았다. 하지만 이광종 감독은 이름값보다는 팀의 균형을 생각하며 현명하게 선수를 선발했다. 소속팀에서 꾸준히 출전 기회를 잡은 어린 선수들은 프로 무대 경험만큼은 풍부했다. 전남 드래곤즈 이종호(111경기 23골 10도움)와 김영욱(82경기 4골 5도움), 포항 스틸러스의 김승대(45경기 11골 12도움), 전북 현대의 이재성(21경기 4골 2도움) 등 경쟁력을 스스로 증명한 선수들이었다.[1] 흔히 말하는 황금세대라고 불릴 정도로 화려하진 않았지만, 그 어떤 대표 팀보다 내실 있는 구성이었다.

병역 면제 혜택에 대한 마음가짐도 훌륭했다. 이번 대표 팀은 애초에 병역 면제에만 목매달고, 언론의 관심이 모두 군대에 맞춰졌던 예전과는 분명 달랐다. 병역은 예민한 부분이니 아예 이야기를 하지 말자고 다짐한 이들은 묵묵히 승리를 챙겼고, 결국 그 뒤에 병역 면제란 혜택이 따라왔다. 주객이 전도되어 오로지 '병역 면제'만을 위해 이기려는 다소 볼썽사나운 모습이 없는 완벽한 금메달이었다. 인천 아시안게임 대표 팀은 욕심 내지 않고 다 같이 하나의 목표, 우승을 위해 똘똘 뭉쳤다. 그리고 선배들이 28년간 못 따낸 금메달을 목에 걸었다. 결국 인천 아시안게임은 팀보다 위대한 선수는 없고, 뚜렷한 목표 의식이 중요한 성과를 이루는 첫 단추란 걸 알려준 뜻 깊은 대회였다.

---

1) 2014년 10월 18일 K리그 클래식 기준

제3장
해외 리그

제3장 해외 리그

1. 역사적인 맨유의 트레블. 막판 15분에 모든 걸 건다

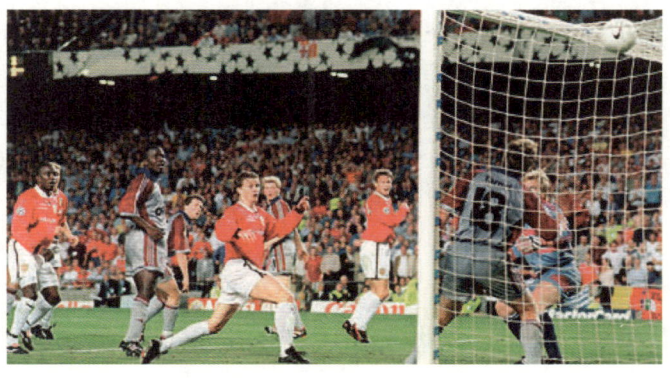

▲ 역사상 가장 극적인 경기로 평가받는 1999년 결승전

> *"내가 맨유 감독을 하던 시절 가장 훌륭했던
> 순간들 중 일부는 막판 15분이었다. 0대 1, 혹은
> 1대 2로 지고 있다면, 지난 15분 동안의 덕벅한
> 플레이를 고수할 이유가 없다."*
> — 알렉스 퍼거슨

맨체스터 유나이티드를 이끈 알렉스 퍼거슨 감독의 명언이다. 퍼거슨 감독은 1986년 맨체스터 유나이티드의 지휘봉을 잡은 이후 프리미어리그 13회, 챔피언스리그 2회, FA컵 5회 등 총 20회의 우승을 따낸 최고의 명장이다. 1500전 902승 326무 261패. 무려 승률 60%를 자랑한 퍼거슨 감독의 최고 장점은 절묘한 타이밍에 교체 카드를 적재적소에 배치하는 감각이다. 단순한 데이터 분석을 뛰어넘는 경험과 감각에서 나오는 전술은 퍼거슨만의 전유물이었다. 특히 맨체스터 유나이티드는 역전극이 많았는데, 그중 백미는 1999년 챔피언스리그 결승전이었다.

잉글랜드 프리미어리그에서 승승장구했던 퍼거슨호는 챔피언스리그에서는 유독 약한 모습을 보였다. 일부 전문가는 헤이젤 참사의 여파가 아직 걷히지 않아서라고 지적했다. 1985년 벨기에 브리쉘의 헤이젤 경기장에서 열린 유로피언컵 결승전은 비극이었다. 악명 높은 훌리건 이탈리아 유벤투스와 잉글랜드 리버풀의 팬들이 충돌하며 39명 사망, 454명 부상이라는 충격적인 결과를 낳았다. 이후 잉글랜드 클럽은 5년간 클럽 대항전에 출전하지 못하는 중징계를 받았고, 이는 자연스레 경쟁력 약화란 결과를 낳았다.

▲ 올리버 칸을 중심으로 탄탄한 조직력을 자랑한 바이에른 뮌헨

 1998/1999 챔피언스리그에서도 퍼거슨 감독의 지략을 바탕으로 힘겹게 결승에 올라왔다. 특히 유벤투스와 펼친 준결승도 극적인 역전극이었다. 준결승 2차전 0대 2로 끌려갔지만 로이 킨, 드와이트 요크, 앤디 콜의 연속골로 순식간에 판세를 뒤집었다. 유스 시스템에서 길러낸 선수들과 리그 최고의 선수들이 모인 맨체스터 유나이티드. 하지만 그들은 결승전에서 차포를 떼고 나올 수밖에 없었다. 미드필더의 중심 로이 킨, 스콜스가 경고 누적으로 빠졌기 때문이었다. 반면 독일 대표 클럽 바이에른 뮌헨은 에이스 바슬러를 중심으로 꾸준한 득점력을 주 무기로 삼았다. 특히 카이저슬라우테른, 디나모 키예프를 차례로 꺾

으면서 주전 선수들의 호흡이 점점 더 잘 맞아가는 것은 큰 장점이었다. 수비수 사무엘 쿠포르가 가나 출신이었고, 나머지는 모두 독일 선수로 구성된 베스트일레븐은 조직력이 가장 큰 무기였다.

경기는 예상대로 바이에른 뮌헨의 흐름대로 흘러갔다. 가장 위협적이었던 바슬러가 전반 6분 선제골을 뽑아내며 경기의 주도권은 바이에른 뮌헨으로 넘어갔다. 이후에도 적극적인 공격으로 추가 골을 넣으려 했지만 골키퍼 슈마이켈의 선방에 막히곤 했다. 그리고 전광판의 시계가 멈추자 '퍼기 타임'이 시작되었다. 종료 약 10분 전부터 펼쳐지는 대역전 드라마를 지칭하는 단어인데, 상대 팀에게는 공포나 다름없었다. 질 경기는 비기고, 비길 경기는 꾸역꾸역 이기는 퍼거슨 감독의 용병술이 빛나는 순간이었다.

▲ 동안의 암살자 솔샤르가 특급 조커답게 경기를 뒤집었다.

퍼거슨 감독은 역시 교체 카드로 팀을 일으켜 세웠다. 67분의 테디 셰링엄, 81분의 올레 군나르 솔샤르는 기대 이상의 맹활약을 펼쳤다. 전광판의 시계가 멈춘 뒤 마지막이나 다름없는 코너킥 기회가 맨체스터 유나이티드에게 찾아왔다. 그리고 그 주인공은 퍼거슨 감독이 투입한 테디 셰링엄이었다. 골키퍼 슈마이켈까지 공격에 가담할 정도로 간절했던 맨체스터 유나이티드는 바이에른 뮌헨의 전원 수비에 밀리고 있었다. 그때 베컴의 크로스는 혼전 중에 테디 셰링엄에게 흘러갔고, 그는 주저 없이 슈팅으로 빠르게 연결했다. 최고의 컨디션을 자랑하던 올리버 칸 역시 도저히 막을 수 없는 골이었다. 망연자실한 바이에른 뮌헨에 또 다른 위기가 찾아왔다.

▲ 챔피언스리그 우승컵에 입맞춤하는 명장 퍼거슨

다시 코너킥 상황에서 베컴의 정확하고 빠른 크로스는 절묘한 위치에 떨어졌다. 테디 셔링엄은 헤딩 슈팅을 시도했지만 골문 방향이 아니었다. 하지만 그때 또 다른 교체 선수 솔샤르가 발을 쭉 뻗으며 공을 밀어 넣었다. 이때가 경기 종료 10초 전, 후반 48분이었다.

> *"맨유는 여러 번 역전을 달성했다. 그 일도 우연은 아니었다. 선수들은 이기고자 하는 열망이 대단했고, 협동정신도 굉장했다. 역전승은 거둘 자격이 있었다."*
> *- 퍼거슨*

퍼거슨 감독의 인터뷰대로 맨체스터 유나이티드는 역전극으로 트레블을 달성했다. 이는 잉글랜드 축구 역사상 최초였고, 셀틱, 아약스, PSV에 이어 네 번째로 트레블이란 대기록을 달성했다. 결승골의 주인공 올레 군나르 솔샤르는 교체 투입되어 경기 흐름을 바꾸는 특급 조커 역할을 도맡아 했다. 특히 노팅엄 포레스트전에서 4골을 뽑아내며 공격수의 가장 중요한 요소인 '골 결정력'에 높은 점수를 얻었다. 천부적인 감각을 타고난 축복받은 스트라이커 솔샤르는 어려 보이는 외모와 뛰어난 골 결정력으로 '동안의 암살자'라는 별명까지 붙었다. 그를 비롯한 11명의 맨체스터 유나이티드 선수는 끈기와 포기하지 않는 도전 정신으로 무장했다. 그래서 1998/1999 챔피언스리그 결승전의 대역전극이 이뤄질 수 있었다.

2. 유럽의 중심에서 '박지성'을 외치다. 비난을 환호로 바꾼 성실함의 대명사

▲ PSV아인트호벤 전성기를 이끈 베스트일레븐에 한국 선수가 2명이나 포함되어 있다.

    2004/2005 UEFA 챔피언스리그 4강 2차전은 AC밀란과 PSV아인트호벤의 맞대결이었다. 히딩크 감독이 이끄는 PSV아인트호

벤은 노장과 신예가 적절히 어우러진 조화로운 팀이었다. 최전방 공격수부터 최종 수비수까지 골키퍼를 제외한 모든 포지션에서 평균 이상의 몫을 해주는 필립 코쿠가 어린 선수들을 잘 이끌어 나갔다. 2002년 월드컵 4강 신화의 주역 이영표와 박지성은 나란히 유럽 무대에 진출해 무럭무럭 자라고 있었다. 공격을 이끄는 파르판과 하셀링크는 성실한 움직임으로 공격 기회를 만들어냈고, 보우마와 알렉스가 지키는 수비라인 역시 강한 압박으로 상대의 공격을 틀어막았다. 하지만 상대는 이탈리아 리그 전통의 강호 AC밀란이었다. 디다는 챔피언스리그 640분 연속 무실점 행진을 기록하며 짠물 수비의 최후방을 지켰다. 카푸-말디니-네스타-스탐이 지키는 철의 장막은 제아무리 강팀이라도 뚫을 수 없었다. 16강에서 만난 맨체스터 유나이티드, 8강에서 만난 인터 밀란 역시 1골도 기록하지 못할 정도로 AC밀란은 압도적인 수비력을 자랑했다.

이탈리아 산시로에서 열린 1차전 역시 AC밀란의 무난한 승리로 끝났다. PSV아인트호벤의 고메스가 동물적인 선방으로 연이어 위기 상황을 넘겼지만, AC밀란은 실수를 놓치지 않았다. 미드필더부터 경기장을 지배한 AC밀란은 카카의 발끝에서 공격을 시작했다. 가투소가 수비적인 부분에서 많은 도움을 주니 카카는 부담 없이 공격에 적극적으로 나설 수 있었고 이는 어시스트로 이어졌다. 전반 42분 스트라이커 세브첸코에게 킬패스를 찔러주었고, 후반 45분에는 슈팅을 시도하며 토마손에게 완벽한 기회를 만들어주었다. 박지성과 코쿠가 부지런히 뛰어다니며 분전했지만, 전광판의 스코어는 그대로 2대 0. 결국 2차전에서 2골 이상의 득실차를 벌이며 승리해야 하는 PSV아인트호벤은 희망이 없어 보였다. 챔피언스리그 7경기 연속 무실점을 기록한 AC밀란의 수비를 상대로 1골 넣기도 버거웠기 때문이다.

하지만 반전의 중심에는 영리하고 성실한 박지성이 있었다. 전반 9분 만에 그는 자신만의 스타일로 선제골을 우겨넣으며 추격전의 시작을 알렸다. PSV아인트호벤 홈경기장 필립스 스타디움은 순식간에 뜨겁게 달아올랐다. 포겔의 빠른 패스가 박지성에게 연결되었고, 박지성은 과감하게 앞으로 치고 나갔다. 공을 이어받은 최전방 공격수 하셀링크는 장신 수비수 야프 스탐과 치열한 어깨 싸움을 벌이며 공을 박지성에게 흘려주었다. 하셀링크와 스탐이 충돌하고 엉키는 사이 약간의 공간이 벌어졌고 공은 누구의 소유도 아니었다. 그때 박지성이 혜성처럼 달려들어 그대로 왼발 슈팅을 때렸다.

바로 그때 샤크타르전 이후 디다가 세운 챔피언스리그 640분 연속 무실점 기록이 깨졌다. 한국 선수 최초로 챔피언스리그 본선에서 골을 기록하는 순간이었다. 화려한 발재간이나 강력한 몸싸움은 없었지만 공에 대한 집념이 가장 돋보이는, 가장 박지성다운 골이었다. 순한 성격의 박지성도 이날만큼은 포효하며 관중들의 환호를 유도하는 골 뒤풀이를 선보였다. 이적 초기 부상과 적응 실패로 홈팬들의 야유를 받아야 했던 동양인의 대변신이었다. 히딩크 감독은 슬럼프에 빠진 박지성을 위해 일부러 원정 경기에 주로 투입하며 배려해주었다. 주전 공격수 로벤과 케즈만이 첼시로 떠난 빈자리를 완벽히 메운 박지성은 어느덧 팀의 중심으로 성장했다. 그리고 그 성실함과 꾸준함의 결과물이 유럽 무대 가장 큰 대회에서 나타났다.

▲ 철의 장막으로 불린 4백 카푸-말디니-네스타-스탐이 지키는 AC밀란은 강했다.

박지성은 시종일관 부지런히 뛰어다니며 팀에 활력을 불어넣었다. 알렉스는 끈질긴 대인 수비로 AC밀란 공격수 세브첸코를 꽁꽁 묶었고, 이영표 역시 세계 최고 풀백으로 손꼽히는 카푸를 상대로 전혀 주눅 들지 않는 모습을 보여주었다. 박지성-이영표가 이끄는 공격과 수비는 머나먼 한국에서 TV로 시청하는 팬들에게 흥미진진한 광경이었다. 마침내 후반 20분 이영표는 과감한 헛다리 개인기에 이은 날카로운 크로스로 추가골을 도왔다. 카푸의 오버래핑을 막기 위해 평소보다 수비에 치중했던 이영표지만 공격 기회를 잡자 주저하지 않았다. 카푸를 앞에 두고 빠르고 정확한 크로스를 시도했고, 공은 쇄도하던 코쿠의 머리에 정확히 맞으며 경기는 2대 0이 되었다. 원점으로 돌아간

승부는 오히려 PSV아인트호벤에 유리해 보였다. 주전 수비수 오이에르가 빠진 공백을 루시우스가 훌륭하게 메우고 있었고, 박지성은 최고의 컨디션으로 경기장 곳곳을 누비고 있었기 때문이다.

▲ 선제골을 터뜨리고 환호하는 젊은 박지성.
세계 최강 밀란 4백을 뚫고 넣은 골이라 더욱 값졌다.

하지만 후반 43분, 경기 막바지에 찬물을 끼얹은 암브로시니의 만회골이 터졌다. 평소 자물쇠란 별명이 있을 정도로 수비적인 성향이 강한 미드필더였지만, 카카의 크로스를 침착하게 받아 넣으며 경기를 2대 1로 만들었다. 수차례 선방을 보여준 고메스 골키퍼가 다시 한 번 손을 뻗었지만 아쉽게도 공은 그대로 골문으로 들어갔다. 다시 2골을 더 넣어야 원정 다득점 원칙으로 이길 수 있는 PSV아인트호벤. 객관적으로 승부의 추는 기울었다. 하지만 PSV아인트호벤은 열광적인 팬들 앞에서 마지막까지 온 힘을 다해 뛰었다. 후반 47분 하셀링크가 머리로 떨궈준 공을 코쿠가 곧바로 왼발 슈팅으로 연결하며 3대 1로 달아났다. 통한의 실점이 아쉬운 PSV아인트호벤은 끝까지 공격을 시도했지만 경기는 그대로 끝났다.

비록 결승 진출에는 실패했지만 누구도 3대 1로 승리한 PSV아인트호벤을 비난하지 않았다. 그리고 유럽 무대 최고 수준의 경기에서, 가장 강력한 팀을 상대로 맹활약을 펼친 박지성은 그날의 주인공이었다. 야유는 사라졌고 어느덧 그를 응원하는 '위숭빠레' 송이 언제나 그의 곁을 함께 했다.

한편 이날 경기장을 찾은 알렉스 퍼거슨 맨체스터 유나이티드 감독도 왕성한 활동량, 헌신적인 움직임에 사로잡혀 박지성을 영입하기로 마음을 굳혔다. 조금씩, 천천히, 하지만 확실히 자신의 능력을 보여준다면 얼마든지 야유가 환호로 바뀔 수 있다는 사실을 박지성은 몸소 보여주었다. 그리고 경기가 끝날 때까지 희망의 끈을 놓지 않고 끝까지 뛰는 PSV아인트호벤의 사투는 그 자체로 감동이었다.

3. You'll never walk alone. Believe you can do it and we will.

▲ 전반전은 완벽하게 AC밀란의 승리였다.

챔피언스리그 결승전은 유독 명승부가 자주 나왔다. 유럽 최고의 클럽을 가리는 자리에 오른 두 클럽은 기본적으로 탄탄한 전력을 갖추고 있다. 조별예선, 토너먼트로 이어지는 살얼음판을 지나오려면 단순히 운이 따르는 게 아니라 실력이 갖춰져야 한다. 최고의 컨디션을 자랑하는 22명의 선수 모두 전력을 다해 경기에 임하기에 챔피언스리그 우승컵인 빅이어의 주인공은 누구도 쉽게 예상할 수 없다. 하지만 2005년 리버풀과 AC밀란의 결승전의 승자는 이미 결정난 것처럼 보였다. 바로 전반전이 끝나며 스코어는 3대 0. 무려 3골 차가 났기 때문이다.

AC밀란은 전반 시작 52초 만에 선제골을 터뜨렸다. 경험이 풍부한 36살 주장 파올로 말디니가 침착하게 크로스를 오른발 슈팅으로 연결하며 기선 제압을 했다. 혼전 중에서도 끝까지 공에 집중한 말디니의 노련함이 돋보인 순간이었다. 한편 AC밀란 공격의 중심은 역시 카카였다. 빠른 드리블과 영리한 패스를 구사하는 카카는 리버풀 수비수를 가볍게 요리했다. 전반 39분 리버풀의 오프사이드 트랩을 깨는 감각적인 스루패스를 세브첸코에게 연결했고, 세브첸코는 욕심 부리지 않고 패스를 연결했다. 위치 선정이 뛰어난 크레스포는 가볍게 공을 밀어 넣으며 2대 0으로 달아났다. 그 후 전반 44분 카카의 기가 막힌 스루패스가 리버풀 수비수 3명 사이로 빠르게 넘어갔다. 기회를 놓치지 않는 크레스포는 곧바로 골키퍼의 키를 넘기는 로빙 슈팅으로 쐐기골을 뽑아냈다. 이스탄불을 찾은 AC밀란 팬들은 45분밖에 지나지 않았지만, 내심 대승을 예감하며 승리를 노래했다.

▲ 누구도 0-3이 3-3이 될지 예상 못했다.

게다가 AC밀란 수비는 철의 포백으로 불리는 '말디니-네스타-스탐-카푸'였다. 이탈리아, 브라질, 네덜란드 수비의 핵심이 모두 모인 그들을 앞에 두고 3골을 따라잡기란 사실상 불가능해 보였다. 게다가 카카-세도르프-가투소-피를로로 이어지는 다이아몬드 미드필더는 공수 균형이 매우 적절했고, 골을 뽑으며 물이 오른 크레스포-세브첸코 투톱도 무시무시했다. 하지만 리버풀 팬들은 "You will never walk alone"을 끝까지 부르며 기적을 기다렸다. 리버풀의 베니테즈 감독 역시 "Don't let your heads drop(머리를 떨구지 마라)"며 선수들을 독려했고, 후반전이 시작되자 선수들의 눈빛은 달라졌다. 이미 우승을 예감한 AC밀란과는 달리 리버풀은 간절함으로 똘똘 뭉치며 대역습을 준비했다. 그리고 그 중심에는 주장 제라드가 있었다.

제라드는 후반 9분 무인지경의 상황에서 헤딩골을 터뜨리며 추격의 물꼬를 텄다. 멋진 골 뒤풀이를 할 겨를도 없이 공을 들고 제자리로 돌아갔으며, 두 손을 높이 치켜세우며 선수들을 독려했다. 2분 후 스미체르가 먼 거리에서 빨랫줄 같은 오른발 중거리 슈팅을 날렸고, 공은 그대로 골문을 갈랐다. 3대 2. 갑자기 공격적으로 몰아붙이는 리버풀의 화력에 AC밀란은 당황하기 시작했다. 그리고 마침내 후반 15분 제라드가 가투소의 태클에 걸려 넘어지며 PK를 얻어냈다. 킥이 정확한 사비 알론소는 낮고 강한 슈팅을 날렸고, 디다가 몸을 날리며 막아냈지만 튕겨 나온 공을 침착하게 차 넣으며 3대 3 동점을 만들었다. 무려 6분간 3골을 따라잡는 리버풀의 저력이 돋보인 순간이었다.

▲ 이스탄불의 기적으로 불리는 리버풀의 대역전극

후반전 대추격의 주인공이 제라드였다면, 연장전의 주인공은 골키퍼 두덱이었다. 전반전 3실점을 만회라도 하듯 두덱은 신들린 선방을 보여주었다. 이미 승기를 잡은 리버풀은 승부차기에서도 거침이 없었다. 팔다리를 사정없이 흔들며 상대를 교란시킨 두덱은 '스파게티 댄스'란 애칭까지 얻었다. 우스꽝스러워 보이기도 했지만 골대를 지키는 두덱의 움직임은 키커에게 부담으로 다가왔고, 이는 실제로 AC밀란에 통했다. 프리킥을 맡아서 찰 정도로 킥력이 좋은 피를로, PK에 강한 스트라이커 세브첸코가 두덱에게 막히며 그대로 우승은 리버풀의 차지가 되었다. 챔피언스리그 6회 우승을 자랑하는 명문 AC밀란은 다 잡은 빅이어를 눈앞에서 놓치며 아쉬워했다. 작년 챔피언스리그 8강에서 데포르티보에게 4대 1로 대승한 뒤 원정에서 0대 4로 무너졌던 악몽이 되풀이된 순간이었다. 안드레이 피를로는 '이스탄불의 기적'을 자서전에서 회상하며 상처 입은 마음을 토로했다.

> "2005년 챔피언스리그 결승전은 나를 미치게 했다.
> 내게 이스탄불은 영원히 나을 수 없는 상처이자 악몽이다.
> 나는 은퇴를 고민했다.
> 그만큼 내게 준 정신적 상처는 컸다."
> — 안드레이 피를로

반면 리버풀은 이스탄불의 기적을 이뤄내며 1983/1984 시즌 우승 이후 21년 만에 정상에 올랐다. 1985년 헤이젤 참사로 400

명 이상의 사상자가 발생했고, 이 사건을 계기로 리버풀은 암흑의 나락을 걸었다. 유럽축구연맹은 리버풀에 7년간 유럽 클럽 대항전 출전 정지 처분을 내렸고, 리버풀은 자연스레 경쟁에서 뒤처지며 슬럼프에 빠졌다. 하지만 '뻥축구'로 불리는 킥앤러쉬 스타일의 잉글랜드 클럽 리버풀이 베니테즈 감독 부임 이후 스타일을 바꾸며 대성공을 거두었다. 사비 알론소, 루이스 가르시아 등 스페인 출신을 영입하며 기술적인 약점을 보완했고, 제라드를 중심으로 한 조직력을 끌어올린 결과였다. 그리고 그 뒤에는 팀이 지고 있을 때도 비난하기보다는 응원을 멈추지 않았던 콥(Kop, 리버풀 팬을 지칭)의 믿음이 있었다.

하프타임에 리버풀을 각성시킨 라파엘 베니테즈의 한 마디

Don't let your heads drop.
네 머리를 떨구지 마라.

All the players who will get on the pitch after half-time have to keep their heads held high.
하프 타임 이후로 피치에 올라갈 모든 선수들은 머리를 높게 들어야 한다.

We are Liverpool, you are playing for Liverpool.
우리는 리버풀이고, 너는 리버풀을 위해 뛰는 것이다.

Do not forget that.
그것을 잊지 말아라.

You have to hold your heads high for the supporters.
서포터들을 위해 머리를 높게 들어야만 한다.

You have to do it for them.
그들을 위해 해내야만 한다.

You cannot call yourselves Liverpool players if you have your heads down.
만약 고개를 떨군다면 스스로 리버풀 선수라 부를 수 없을 것이다.

If we create a few chances we have the possibility of getting back into this.
만약 우리가 몇몇 기회를 만든다면, 우리는 만회할 수 있는 가능성을 얻는 것이다.

Believe you can do it and we will.
우리가 할 수 있다고 믿으면, 우리는 그렇게 할 것이다.

Give yourselves the chance to be heroes.
영웅이 될 기회를 잡아라.

4. 축구를 즐기는 외계인, 적진의 심장에서 기립박수를 이끌어내다

 축구장에서 기립 박수가 나오는 경우는 흔치 않다. 1분 1초 긴장을 늦출 수 없는 상황에서 자리에서 일어나 누군가를 위해 손뼉을 치기란 쉽지 않기 때문이다. 수만 명이 일어나 다 같이 손뼉을 치면 거대한 경기장에 박수 소리가 메아리치는 장관을 경험할 수 있다. 기립 박수는 크게 3가지 상황에서 나온다. 첫째, 일부 감독은 레전드를 배려하려고 일부러 기립 박수 시간을 주기도 한다. 팀에서 수년간 헌신하고 팬과 추억이 많은 레전드 선수를 경기 종료 직전 교체해 주는 것이다. 약 30초에 불과한 짧은 시간이지만 그 순간은 모두가 일어나 레전드의 마지막 현역 경기를 축복해준다.

 2014년 QPR에서 친정팀 PSV 아인트호벤으로 돌아온 박지성이 그 예다. 홈구장 필립스 스타디온에서 열린 NEC 브레다와의 리그 34라운드 최종전에서 박지성은 후반 44분 교체되었다. 경기는 2대 0으로 PSV 아인트호벤이 승리를 눈앞에 두고 있었다. 경기의 흐름을 바꾸려는 교체도 아니었고, 경기력이나 체력이 떨어져 박지성을 바꾼 것도 아니었다. 감독은 9년 만에 아인트호벤으로 돌아와 젊은 선수를 이끌어 준 박지성이 홈팬들의 기립박수를 받을 기회를 준 것이다. 결국 경기장은 박지성 응원가 '위숭빠레'가 울려 퍼졌고, 박지성은 행복하게 축구선수로서의 인생을 마무리했다. 이처럼 선수의 은퇴식, 은퇴 경기, 인터뷰 등에서 관중은 힘을 모아 추억을 선물해준 선수들에게 찬사를 보낸다.

둘째는 비록 적으로 만나지만, 팀에 많은 추억을 안겨준 선수를 만날 때다. 축구에서 상대 팀은 반드시 꺾어야 할 존재다. 조롱과 야유는 팬들의 기본자세며 더비 경기에서는 더 심한 일들도 빈번하다. 라이벌 구단 레알 마드리드로 이적한 피구를 향해 날아온 돼지 머리와 위스키 병을 생각해 보면 쉽게 알 수 있다. 하지만 좋았던 기억이 더 많은 레전드를 대하는 팬들의 따뜻한 환영은 제법 낭만적이다. 2010년 3월 챔피언스리그 16강 2차전 AC밀란이 올드트래포트를 찾았다. 그리고 맨체스터 유나이티드의 빨간색이 아닌 AC밀란의 검정,빨강 줄무늬 유니폼을 입은 데이비드 베컴이 있었다. 경기 시작 전부터 베컴을 반기는 맨유 팬들은 많았다. 비록 적이지만 베컴은 유소년 시절부터 활약하며 맨유의 상징적인 7번을 달았던 선수였기 때문이다.

마침내 후반 18분 베컴이 교체 투입되자 맨유 팬들은 자발적으로 모두 일어나 "이 세상에 데이비드 베컴은 오직 하나"라는 가사가 담긴 응원가를 부르며 7년 만에 돌아온 슈퍼스타를 환영했다. 베컴 역시 맨유 팬들의 감동적인 기립박수에 감사의 인사를 전하며 여전한 사랑을 확인했다. 이 밖에도 2012년 경질된 첼시 감독 디 마테오를 다시 선임하라는 항의의 의미로 기립 박수를 치는 경우도 있었다. 임시 감독으로 리버풀 감독 출신인 라파엘 베니테즈를 선임하자 첼시 팬들은 분노를 터뜨렸고, 기어이 맨체스터 시티전에서 불만을 표출했다. 첼시 선수 시절 디 마테오의 등번호인 16번에 맞춰 16분에 기립박수를 친 것이다. 팬들은 선수를 추억하거나 환영하는 의미로 등번호와 경기 시간을 맞추어 박수를 치는 경우도 있다.

▲ 데이비드 베컴은 영원한 맨유의 7번이었다.

 마지막은 오로지 '실력'에 감탄해 손뼉을 치는 것이다. 팀이 대패하거나 결정적인 역전을 당하면 분노의 감정이 제일 먼저 차오른다. 어이없는 실점에 허탈함이 밀려오기도 하고, 멍청한 실수를 한 선수들이 밉기도 하다. 그러다 보면 환상적인 경기력으로 90분간 최고의 경기를 이끌어낸 상대방에게 기립박수를 보내기도 한다. 축구 그 자체에 대한 존경의 의미를 담아서.

대표적인 예는 02/03 챔피언스리그 레알 마드리드와 맨체스터 유나이티드의 8강전이다. 올드 트래포트에서 40년 만에 해트트릭을 기록한 선수는 브라질의 축구 영웅 호나우두였다. 슈팅 3개 만으로 무려 3골을 뽑아낸 타고난 상대 팀 스트라이커에게 맨유 팬들은 경이로움을 담아 기립박수를 칠 수밖에 없었다. 창의적인 패스와 묘기에 가까운 개인기를 뽐내며 '외계인'이란 별명으로 불리는 호나우지뉴도 마찬가지였다. 그의 진가는 바르셀로나에서 꽃을 피웠고, 다름 아닌 사상 최고의 라이벌 매치인 엘 클라시코에서 화룡점정을 찍었다.

레알 마드리드와 FC바르셀로나가 맞붙는 엘 클라시코. 이 경기는 승점 3점이 걸린 단순한 축구 경기 그 이상의 정치적, 역사적, 사회적 의미를 담고 있다. 마드리드의 카스티야와 바르셀로나의 카탈루냐 지역의 뿌리 깊은 충돌이 고스란히 드러나는 전쟁터가 바로 엘 클라시코였다. 그런 만큼 엘 클라시코에서 상대 선수를 조롱하고 비난하는 수위는 어마어마했으며 앞서 말한 루이스 피구의 사례처럼 상상을 초월하는 전쟁과도 같은 분위기다(당시 루이스 피구의 별명은 '유다'였다). 즉 상대방을 위한 찬사의 박수는 상상조차 할 수 없는 일이란 이야기다. 하지만 불문율을 깬 건 외계인 호나우지뉴였다. 2005년 11월 20일 레알 마드리드 홈 경기장 산티아고 베르나베우에서 열린 엘 클라시코가 그 무대였다.

레알은 홈경기인 만큼 반드시 이기겠다는 의지를 갖추고 공격적인 전술을 준비했다. 호비뉴와 호나우두 브라질 콤비와 레알의 전설 라울이 공격을 이끌었다. 지네딘 지단과 데이비드 베컴이 총출동하며 지구방위대로서 위용을 뽐냈고, 로베르토 카를로스, 살가도, 이반 엘게라, 세르히오 라모스로 구성된 수비진은 언제든지 공격에 참여할 준비를 마쳤다. 특히 2001년 유벤투스에서 레알로 이적한 이후 두 차례 누 캄프 원정 경기에서 골을 뽑아낸 지단이 건재했기에 레알의 우세가 점쳐졌다. 반면 사무엘 에투, 리오넬 메시, 호나우지뉴 3톱이 이끄는 바르셀로나 역시 탄탄한 전력을 갖추고 있었다. 바르셀로나의 정신적 지주 카를레스 푸욜이 중앙에서 투지 넘치는 수비를 보여주었기에 충분히 승산이 있었다.

그리고 경기가 시작하자 모든 주목은 호나우지뉴의 발끝에 모였다. 그는 경기 시작 후 가벼운 몸놀림과 유연한 발재간으로 흐름을 바르셀로나 쪽으로 가져왔다. 왼쪽 측면에서 공을 받았지만, 측면 사이드라인을 타고 가는 것만 고집하지 않고 과감하게 중앙으로 파고 들었다. 상대 수비의 거친 태클은 특유의 삼바 리듬으로 피했고, 놀라운 볼 컨트롤로 안정적으로 공을 지켜냈다. 특히 전반 9분 에투에게 전해진 결정적인 패스는 일품이었다. 빠르게 파고드는 에투의 발끝에 정확한 속도와 각도로 전달된 공은 비록 골로 연결되진 않았지만 레알 팬들을 깜짝 놀라게 했다. 초반에 승기를 잡은 바르셀로나는 거세게 레알을 몰아붙였고 곧바로 선제골을 뽑았다.

우주 최강이 되기 전 신성 단계였지만 역시 메시는 폭발적이었다. 우측 측면에서 공을 받은 메시는 포백으로 주저하지 않고 달려들었다. 당황한 엘게라가 급하게 태클을 걸었지만 메시는 굴하지 않고 드리블을 이어갔다. 5~6명이 뒤엉킨 혼전 중에 에투는 공을 이어받았고 반 박자 빠르게 오른발 슈팅을 시도했다. 카시야스가 몸을 날렸지만 낮고 빠른 공을 막기엔 역부족이었다. 좁은 공간에서도 침착하게 공을 지켜내고, 본능적으로 골문을 향해 몸을 돌려낸 움직임이 돋보였다. 원정 경기에서 먼저 골을 뽑아낸 바르셀로나는 본격적으로 레알을 몰아붙이기 시작했다. 레알은 라울의 부상으로 공격도 힘이 빠졌고, 수비는 당황해서 허둥지둥 실수를 연발했다. 세계 최고의 각국 대표 팀 주전 수비수란 게 믿기지 않을 정도로 허술하고 맥이 빠지는 수비였다.

▲ 레알 마드리드 팬들에게까지 찬사를 받은 호나우지뉴의 골

후반전은 본격적인 호나우지뉴를 위한 시간이었다. 자신감 넘치는 드리블로 수비수를 달고 다녔고, 절묘한 패스로 위협적인 공격 기회를 만들었다. 그리고 마침내 잇몸을 드러내며 함박웃음을 터뜨린 호나우지뉴는 본격적으로 경기를 지배했다. 더비 매치가 주는 중압감이나 상대의 거친 신경전은 이미 초월한 지 오래였다. 그는 후반전 2골을 몰아넣으며 마드리드에게 악몽

을 선사했다. 후반 13분 하프라인부터 공을 잡은 호나우지뉴는 빠르게 레알 골문을 향해 질주했다. 라모스의 태클은 역부족이었고 뒤늦게 달려온 엘게라도 가볍게 제쳤다. 왼쪽 측면에서 중앙으로 파고드는 드리블은 변칙적이었고 경쾌했다. 뒤이어 호나우지뉴는 오른발 슈팅으로 깔끔하게 경이로운 돌파를 마무리하며 스코어를 2대 0으로 만들었다.

무려 20개의 슈팅을 시도한 바르셀로나와 달리 레알은 고작 슈팅 5개밖에 날리지 못했다. 완벽한 패배였다. 무의미한 패스는 전혀 바르셀로나를 위협하지 못했고, 후반 31분 기어이 호나우지뉴는 3번째 골을 뽑았다. 이번에도 왼쪽이었다. 호나우지뉴는 가벼운 보디 페인팅으로 라모스를 속이고 곧바로 속도를 올려 골에어리어로 돌진했다. 그는 다른 레알 수비수들이 미처 막으러 오기 전에 오른발 인사이드 슈팅으로 레알의 골망을 흔들었고, 산티아고 베르나베우는 충격에 휩싸였다. 경기는 결국 원정팀 바르셀로나의 3대 0 완승으로 끝났고, 인간이 아닌듯한 개인기로 축구 그 자체를 즐긴 호나우지뉴에게 기립박수를 보낼 수밖에 없었다.

> "내가 언제나 꿈꿔왔던 경기였다. 오늘 우리는 완벽했다. 축구 인생에서 좀처럼 경험해 보지 못한 순간이었다. 예전에 마라도나가 상대팀 팬들에게 기립박수를 받은 적이 있다고 하는데 나는 믿지 못했다."
> - 호나우지뉴

▲ 발롱드로를 타며 세계 최고의 자리에 오른 외계인 호나우지뉴

2004년, 2005년 FIFA 올해의 선수, 2005년 발롱드로, UEFA 올해의 선수(05/06)를 휩쓴 호나우지뉴는 바르셀로나의 전성기를 이끈 에이스였다. 수비의 허를 찌르는 드리블, 여유가 넘치는 볼 트래핑, 폭발적이고 정확한 프리킥, 신기에 가까운 창의적인 패스. 호나우지뉴의 전성기는 그 누구와 비교해도 밀리지 않을 정도로 폭발적이었다. 2년 연속 바르셀로나를 프리메라리가 우승으로 이끌었고, 92년 이후 처음으로 챔피언스리그 우승컵도 들었다. 말 그대로 최정상에서 자신의 축구 철학대로 즐기면서 경기를 지배하는 수준에 이르렀다.

헛다리짚기, 플리플랩, 라보나킥, 마르세유턴 등 트래핑, 바이시클 킥. 선수들이 연습 때나 장난스럽게 쓰는 개인기를 호나우지뉴는 세계 최고의 선수 앞에서, 그것도 가장 중요한 순간에 자유자재로 구사했다. 챔피언스리그 16강 첼시전에서 디딤 발도 없이 제자리에서 때린 대단한 골도 그중 하나였다. "천재는 노력하는 자를 이길 수 없고, 노력하는 자는 즐기는 자를 이길 수 없다."는 명제를 몸소 증명한 호나우지뉴. 그가 웃으며 그라운드를 누비는 매 순간 팬들 역시 축구가 주는 즐거움을 만끽했다. 그런 그가 무거운 엘 클라시코를 뒤흔든 것도 어찌 보면 당연한 일이 아니었을까?

5. 난투극과 동업자 정신이 공존한 결승전. 신속한 응급처치의 중요성을 남기다.

▲ 결승전답게 경기는 빠르게 과열되었다.

축구는 몸싸움이 허용되는 스포츠다. 어깨 싸움은 공을 쟁취하기 위한 첫 번째 단계이고, 몸을 날리는 태클은 공을 빼앗기 위한 가장 위협적인 방법이다. 심판의 눈을 속이며 교묘하게 옷을 잡아당기기도 하고, 기선 제압을 위해 거칠게 헤딩 경합을 시도하는 일도 빈번하다. 특히 공격수, 수비수 여러 명이 한데 엉켜 치열하게 자리다툼을 하는 코너킥 상황은 미식축구를 연상시키기도 한다. 이렇듯 몸과 몸이 부딪히는 일이 허다한 축구에서 자연스레 부상 역시 피할 수 없는 존재다.

그러므로 선수 생명을 단축하는 부상을 최소화하기 위해 여러 안전장치가 있다. 심판의 공정하고 단호한 판정은 경기가 과열되는 것을 막기 위한 예방책이고, 선수가 부상을 당했을 때 곧바로 그라운드에 들어가 상태를 진단하는 것이 의료진의 응급 처치다. 그리고 무엇보다 상대를 다치게 하려는 의도의 악질적인 비신사적 플레이가 아닌 동업자 정신에 기초한 선수들의 마음가짐도 중요하다. 그런 점에서 2007년 아스널과 첼시의 칼링컵은 페어플레이 정신의 명암을 볼 수 있는 경기였다.

결승전에서 만난 아스널과 첼시는 우승에 대한 열망이 컸다. 정규 리그 1위는 맨체스터 유나이티드의 몫이었기에, 단판 승부인 칼링컵 결승전의 비중은 컸다. 2008년부터 뉴 웸블리에서 칼링컵 결승전이 열리기로 결정되며, 밀레니엄 구장에서 열리는 마지막 칼링컵이란 의미도 있었다. 두 팀 모두 챔피언스리그, 정규리그, FA컵까지 치르느라 체력적 부담이 있었다(첼시는 FC포르투, 아스널은 PSV아인트호벤 원정 경기를 다녀왔다). 하지만 두 팀 모두 우승을 위해 물러설 수 없었다. 첼시는 1905년 클럽 창설 이후 13번째 메이저 트로피가 필요했고, 아스널 역시 20년 전 리버풀을 상대로 거둔 칼링컵 우승 이후 다시 최정상에 서고 싶었기 때문이다.

팽팽한 경기는 19살 신예 시오 월콧의 골로 아스널 쪽으로 기울었다. 전반 11분 코너킥 상황에서 첼시가 걷어낸 공은 멀리 가지 못했다. 페널티 에어리어 안에서 디아비는 수비수를 제치고 빠르게 월콧에게 패스했고, 그는 어린 나이가 믿기지 않을 정도로 노련하고 침착하게 공을 돌려세웠다. 좁은 공간에서도 월콧은 탁월한 볼 터치로 첼시 수비진을 무너뜨렸고 첫 골을 터뜨렸다. 하지만 첼시에는 드록신이라 불리는 스트라이커 디디에 드록바가 있었다. 전반 19분 발락의 로빙 패스는 수비 뒷공간을 파고든 드록바에게 연결되었다. 오프사이드 트랩을 절묘하게 빠져나온 드록바에게 마지막 골키퍼는 무의미했다. 드록바는 정확한 오른발 슈팅으로 이른 시간에 동점 골을 뽑아냈다.

▲ 거친 태클과 위험한 몸싸움이 계속되었던 결승전

경기는 점점 흥미롭게 흘러갔고, 양 팀은 쉴 새 없이 공격과 수비를 넘나들었다. 후반 28분 램파드는 먼 거리에서 강력한 중거리 슈팅을 시도했지만 아쉽게도 쭉 뻗어 나간 공은 골대를 맞았다. 하지만 아쉬움도 잠시였다(아스널 팬들에겐 안도감이었겠지만). 후반 38분 교체 투입된 로벤의 크로스는 높이 뛰어오른 드록바의 머리에 맞았고 이는 곧바로 골로 연결되었다. 아스널의 센데로스 역시 함께 뛰어올랐고, 골키퍼 알무니아가 힘껏 손을 뻗어보았지만 드록바에겐 역부족이었다.

엎치락뒤치락하는 경기는 흥미로웠지만, 종료 직전 난투극은 볼썽사나운 일이었다. 아스널의 콜로 투레와 첼시의 존 오비 미켈은 공을 놓고 다투다가 신경전을 벌였다. 두 선수의 다툼은 동료들까지 몰려들며 규모가 커졌고 급기야 양 팀 감독인 벵거와 무리뉴까지 싸움을 말리기 위해 그라운드로 들어왔다. 결국 심판은 투레, 미켈과 함께 아데바요르까지 퇴장시켰다. 아데바요르는 웨인 브릿지를 가격했다는 이유로 퇴장을 당했지만 억울함을 표출하며 거세게 항의했다(실제 판독 결과 아데바요르가 아닌 에부에가 범인이었다). 램파드, 파브레가스까지 나란히 경고를 받으며 난동은 마무리되었지만, 관객의 눈살을 찌푸리게 한 장면이었다.

물론 난투극으로 끝난 경기였다면 여러 팬들의 기억 속에 남는 명승부가 아닐 것이다. 의식을 잃은 존 테리를 살린 장면은 아름다운 순간이자, 좋은 사례로 남았다. 후반 11분 코너킥 상황에서 존 테리는 헤딩을 하기 위해 몸을 던졌지만, 공이 아닌 수비수 디아비의 발과 강하게 부딪혔다. 곧바로 쓰러진 존 테리는 의식을 잃고 숨을 쉬지 못했다.

▲ 끔찍한 사고로 이어질 수 있었던 위험천만한 존 테리의 부상 장면

> "테리의 눈에는 초점이 없었다.
> 마치 죽은 사람처럼 쓰러져 있었다."
> -알무니아

 가까이 있던 알무니아의 증언처럼 상황은 긴박했다. 하지만 불행 중 다행으로 동료 세브첸코의 빠른 기도 확보가 이뤄졌다. 세브첸코는 존 테리의 입안으로 손가락을 넣어 혀를 붙잡았다. 혀가 말려 들어가면 기도가 막히고, 산소 공급이 부족해 뇌사 상태까지 이어질 수 있는 위급 상황을 응급처치로 막은 것이다. 뒤이어 아스널 팀 닥터 게리 레윈이 달려와 전문적인 치료를 했고, 곧바로 존 테리를 웨일스대학 병원으로 후송했다. 상대 팀이었지만 쓰러진 선수를 적이 아닌 동료로 생각하고 곧바로 도와준 배려 넘치는 모습이었다. 다행히 존 테리는 의식을 되찾고

제3장 해외 리그 **145**

경기장으로 돌아와 첼시의 우승을 축하할 수 있었다. 자칫 죽음까지 이어질 수 있는 상황을 힘을 모아 막은 것이다.

불의의 사고, 안타까운 부상. 이제는 그라운드에서 보고 싶지 않은 표현이다. 야구에서도 2000년 롯데 자이언츠의 임수혁은 2루에서 쓰러져 끝내 눈을 뜨지 못했다. 2005년 보인 정산고의 고교 축구 선수, 컨페더레이션스컵 경기 도중 카메룬의 비비엥포는 실신하여 결국 사망했다. 불의의 사고는 막을 수 없지만, 충분한 준비와 교육으로 피해를 최소화할 수 있다.

2011년 5월 8일 신영록의 부상도 하마터면 더 큰 화로 번질 수 있는 상황이었다. 후반 44분 제주FC 신영록이 갑자기 심장마비 증세로 의식을 잃고 쓰러졌다. 동료들은 곧바로 신영록의 기도를 확보하고 호흡을 확인했으며, 구단 의무팀은 뇌졸중, 뇌출혈 등 응급질환별 대처능력이 뛰어난 제주한라병원으로 즉각 신영록을 옮겼다. 약 10분 만에 병원에 도착한 신영록은 50일 만에야 의식을 되찾았고, 천천히 재활 치료로 일상생활에 적응 중이다. 이후 K리그는 경기장 의료 및 안전대책을 강화했고, 기본적인 응급조치 교육도 강습회 프로그램으로 포함했다.

2013년 FC서울 몰리나도 부산 수비수 김응진과 머리가 부딪치며 뇌진탕 증세를 보였다. 하지만 선수, 의료진 모두 곧바로 정확한 응급 조치를 취해 몰리나의 의식 회복을 도왔다. 부산 서포터즈까지 '몰리나, 몰리나'를 외치며 그를 응원하는 동료애 넘치는 장면을 만들어냈다. 첼시와 아스널의 난투극, 극적인 2대 1 역전승보다 더욱 기억하고 배워야 하는 것은 따로 있었다. 바로 축구란 스포츠에서 비극적인 사건이 일어나지 않도록 서로 배려하는 동업자 정신이 칼링컵 결승전이 남긴 진정한 교훈이다.

6. Mr. IncrebiBale!
당돌한 풋내기의 멈출 수 없는 폭풍 질주

▲ 수비수에서 공격수로 보직을 변경하고 급성장한 베일

1억 유로의 사나이. 우리 돈으로 약 1,500억 원에 달하는 상상할 수 없는 이적료를 받으며 레알 마드리드로 이적한 선수. 약관의 풋내기 가레스 베일은 어느덧 유럽에서 가장 뜨거운 선수로 거듭났다. 라이언 긱스로 대표되는 웨일스의 신성 베일은 큰 기대를 모으며 데뷔했다. 웨일스 국가대표팀 최연소 출전, 득점 기록을 갈아치운 베일은 사우스햄턴에서도 두각을 드러냈다. 하지만 한국 축구팬은 아마 앳된 주근깨 투성이 얼굴, 하얀 유니폼을 입은 청년을 기억할 것이다.

그는 이영표와 함께 토트넘 핫스퍼에서 주전 경쟁을 펼쳤기 때문이다. 이영표가 활발한 오버래핑, 영리한 대인방어로 맹활약할 당시 베일은 교체 출전이 잦았다. 당시 베일은 빠르지만 수비력이 불안한 선수였기에 기복 없이 꾸준한 모습을 보여주지 못했다. 빠른 발과 시원시원한 돌파는 그의 장기였지만, 수비수의 최고 덕목인 안정감이 부족했기에 주전을 꿰차진 못했다. 하지만 만년 유망주였던 베일은 해리 래드냅 감독의 지시에 따라 포지션을 변경한 후 프리미어리그 최고 수준으로 올라섰다. 왼쪽 풀백이 아닌 왼쪽 윙어가 진정한 베일의 위치였다. 자신감 넘치는 드리블과 치고 달리는 순간 속도는 누구도 따라올 수 없었다. 그리고 그의 진가가 드러난 순간은 다름 아닌 2009-2010 챔피언스 리그를 평정한 최강 인터밀란과의 경기였다.

인터밀란은 당시 최고의 전력이었다. 지난해 챔피언스리그는 물론 세리아A, 코파 아메리카까지 우승하며 트레블을 달성할 정도였다. 게다가 이탈리아 밀라노 주세페메이차에서 열린 챔피언스리그 A조 3차전은 많은 이가 인터밀란의 승리를 점쳤다. 경기가 시작되고 전반 2분 만에 전문가의 예상대로 들어맞는 듯 했다. 인터밀란의 베테랑 사네티가 오른발 슈팅으로 가볍게 골문을 열었다.

▲ 시원한 직선 돌파로 세계 최고 윙백 마이콘을 제치는 총알탄 사나이 가레스 베일

뒤이어 5분 뒤에는 스네이더가 토트넘 골키퍼 고메스에게 걸려 넘어지며 페널티킥을 얻었다. 고메즈의 퇴장으로 수적 열세에 놓인 토트넘은 속수무책이었다. 데얀 스탄코비치, 에투가 나란히 골을 넣으며 무려 전반에만 4대 0으로 점수차를 벌였다. 스네이더를 중심으로 영리하게 수적 우위를 이용한 인터밀란의 일방적인 공격이 후반전에도 이어질 것이라 생각했다. 하지만 90분이 끝나고 가장 빛난 선수는 다름 아닌 패배한 토트넘의 '가레스 베일'이었다.

후반 7분 베일은 거침없이 달리기 시작했다. 노장 사네티의 느린 발은 베일의 폭발적인 속도를 따라오지 못했고, 정확한 왼발 슈팅에 브라질 수문장 세자르는 넋을 놓고 쳐다볼 수밖에 없었다. 경기 전체를 놓고 보았을 때는 인터밀란의 여유로운 리드였지만, 번뜩이는 베일의 공격 전개는 토트넘에 희망의 끈과 같았다. 백패스나 안전한 패스보다는 추격해야 하는 토트넘 입장에서는 베일의 과감하고 무리해 보이기까지 하는 전진이 필요했다. 게다가 베일의 일대일 돌파 시도는 탐욕이나 무리한 억지가 아니라 영리하고 가장 효율적인 공격 방법이었다.

▲ 팀은 졌지만 제일 돋보인 선수는 베일이었다.

후반 44분에도 베일의 빠른 발, 과감한 돌파가 빛났다. 하프라인 부근에서 공을 뺏은 베일은 패스를 이어 받아 그대로 달리기 시작했다. 헛다리 개인기나 바디 페인팅도 없이 정직한 질주였다. 페널티 지역까지 들어와 강력한 슈팅을 날렸고 또다시 같은 위치의 골 망을 흔들며 모두를 놀라게 했다. 골을 먹은 세자르도 어이가 없는지 고개를 절레절레 저으며 당황한 기색이 역력했다.

그리고 다시 1분 후. 인터밀란 지역에서 공을 빼앗은 토트넘은 기세가 오른 왼쪽의 베일을 향해 바로 패스를 넘겼다. 최상의 컨디션을 보인 베일은 똑같은 위치에서 슈팅을 날려 해트트릭을 달성했다. 리플레이가 아닌가 싶을 정도로 비슷한 장면의 연속이었다. 경기는 4대 3으로 끝났지만 주인공은 베일이었다. 세계 최고의 풀백 마이콘, 아르헨티나 주장 사네티를 상대로 압도적인 모습을 보여주었기 때문이다. 이후 홈에서는 2도움을 올리며 팀의 3대 1 승리를 도왔고, 토트넘은 8강에까지 진출하며 돌풍을 선보였다. 인터 밀란에 강한 베일의 모습은 이후에도 계속되었다. 2년 후 2012-2013 유로파리그 16강에서도 인터 밀란을 상대로 선제골을 터뜨리며 3대 0 승리를 이끌었다.

해트트릭 후 영국 스포츠채널 〈스카이스포츠〉는 베일에 평점 10점을 주었고, 〈데일리 미러〉는 '놀라운, 믿을 수 없는'이라는 뜻의 '인크레더블(Incredible)'과 베일(Bale)의 이름을 합친 'Incredibale'이란 단어를 헤드라인에 쓰기까지 했다. 상대 팀 감독 라파엘 베니테즈 역시 놀라운 활약을 펼친 베일을 향해 존경이 담긴 찬사를 늘어놓았다.

이날 경기에서 베일은 자신이 할 수 있는 최고의 맹활약을 선보였다. 공을 잡으면 일대일 돌파를 시도했고, 실제 성공률은 매우 높았다. 체력과 활동량으로 유명한 최고의 공격형 윙백 마이콘은 적극적인 오버래핑은커녕 베일의 공격에 속수무책으로 당했다. 이후 베일의 평가는 만년 유망주가 아닌 토트넘의 에이스로 거듭났고, 꾸준한 활약 속에 1억 유로의 거금을 받으며 레알 마드리드로 팀을 옮겼다. 우상 호날두와 함께 시원시원한 돌파와 강력한 슈팅을 뽐내는 베일의 성장은 무섭게도 현재 진행형이다.

7. 맨시티 우승을 위한 마지막 퍼즐 조각. 이보다 더 좋을 순 없다!

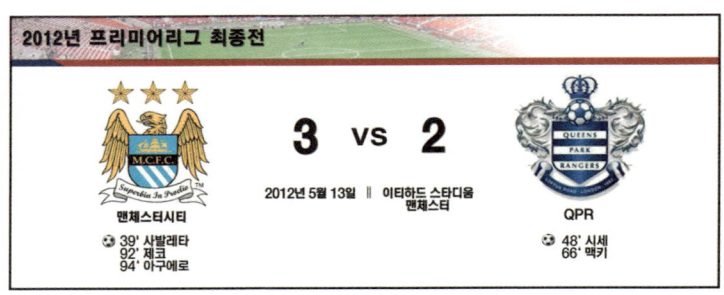

  희극과 비극이 버무려진 환상적인 마무리. 천당과 지옥을 오르내리는 각본 없는 드라마. 식상한 표현이지만 2011-2012 프리미어리그를 수식할만한 적절한 단어 이외에는 떠오르지 않는다. 2012년 프리미어리그는 말 그대로 '극장 경기'로 끝맺음했다. 반전에 반전을 거듭한 최종전은 맨체스터 유나이티드와 맨체스터 시티, 더비 팀 간의 우승 다툼으로 펼쳐졌다. 마지막 한 경기를 남겨두고 두 팀은 승점 동률을 이루며 팽팽한 긴장감을 형성했다.

▶▶ 프리미어리그 37라운드 순위

	경기	승	무	패	득점	실점	골득실	승점
맨체스터시티	37	27	5	5	90	27	+63	86
맨체스터유나이티드	37	27	5	5	88	33	+55	86

맨체스터 시티(이하 맨시티)는 강등 위기에 처한 QPR을 상대로 만났고, 맨체스터 유나이티드(이하 맨유)는 선덜랜드 원정경기를 떠났다. 반드시 승리하고, 맨시티가 비기거나 패배해야만 우승이 가능한 맨유는 강력하게 선덜랜드를 몰아붙였다. 루니, 데헤아, 필 존스 등 최정예 멤버가 나온 맨유는 역시 강력했다. 전반 19분 루니가 필 존스의 크로스를 헤딩골로 연결하며 경기를 쉽게 풀어갔다. 이후에도 긱스와 루니는 날카로운 슈팅으로 상대 골키퍼를 괴롭혔고, 철저한 전방 압박으로 깔끔한 1-0 승리를 거뒀다. 지난 시즌 우승을 차지했던 맨유는 2년 연속 우승을 기대하고 있었다. 골 득실이 1위 맨시티와 8골이나 차이났지만, QPR의 선전을 전해 듣고 극적인 역전 우승이 현실로 다가왔기 때문이었다. 맨유는 초조하게 QPR의 선전을 기원하며 리그가 빨리 끝나기를 빌었다.

▲ 종료 직전 결승골을 뽑아내며 극적인 우승을 확정 지은 아구에로

반면 맨시티의 경기는 치열한 난타전으로 흘렀다. 전반 38분 야야 투레의 어시스트를 깔끔하게 받아 넣은 사발레타의 골로 맨시티는 우승에 한 걸음 다가섰다. 하지만 후반 2분 레스콧의 결정적인 패스 실수로 시세가 동점 골을 넣으며 수월했던 경기는 꼬이기 시작했다. 후반 9분 악동 조이 바튼이 거친 플레이로 퇴장을 당했지만, 기세가 오른 QPR은 공격을 멈추지 않았다. 1명이 부족한 상황에서 오히려 후반 20분 맥키가 역전 골을 넣으며 1위 맨시티를 혼란에 빠뜨렸다.

승점 3점이 필요한 맨시티는 총공세에 나섰지만 키퍼의 선방과 필사적인 수비진에 막혀 답답한 헛심만 켜고 있었다. 전후반 정규 시간 90분은 그대로 흘러갔고, 맨시티 팬들은 예상치 못한 패배에 당황하며 맨유의 승리 소식에 괴로워했다. 눈물을 흘리는 팬들 역시 많았다. 하지만 후반 추가 시간 에딘 제코가 높게 뛰어오른 순간, 경기장엔 정적이 흘렀다. 다비드 실바의 정교한 코너킥을 장신 공격수 에딘 제코가 머리로 받아 넣으며 2-2 동점을 만들었기 때문이다.

승점 87점. 무승부로 경기가 끝나면 우승컵은 맨유의 차지였다. 지역 라이벌 맨유의 우승을 축하하기에는 맨시티의 자존심이 허락하지 않았다. 마침내 후반 94분 슬픔의 눈물을 흘리던 팬들은 이제 감격의 눈물을 흘리기 시작했다. 발로텔리의 패스를 이어받은 아구에로는 놀라울 정도의 집중력을 선보였다. 빠르게 골문으로 돌파하던 아구에로는 수비수의 태클을 요리조리 피하며 강력한 오른발 슈팅으로 기어이 역전 골을 터뜨렸다. 극적인 순간에 경고가 대수랴? 아구에로는 유니폼 상의를 벗으며 포효했고, 이티하드 스타디움의 팬들은 열광의 도가니에 빠졌다. 짜릿한 역전 골로 맨시티는 맨유와 승점 동률, 골 득실에서 앞서 우승컵을 차지했다. 무려 44년 만에 들어 올린 감격스러운 우승이었다. 동시에 열린 최종전에서 갈린 최후의 승자. 끝날 때까지 끝난 게 아니라는 진리가 새삼 돋보인 명승부였다.

▲ 44년 만에 우승을 차지한 맨체스터시티

"맨시티의 리그 우승을 축하한다. 리그 우승컵을 차지한 이는 누구나 그럴 만한 자격이 있다."
- 알렉스 퍼거슨

맨유 퍼거슨 감독 역시 라이벌 맨시티의 우승을 축하했다. 오랜 감독생활을 거치며 누구보다 우승의 어려움을 잘 알기에 깨끗하게 패배를 인정하고 상대를 칭찬했다. 맨시티는 1990년

대 강등을 경험하고, 심지어 3부리그까지 추락했다. 맨유와 더비 맨체스터 라이벌이었지만 역사와 우승 횟수에서 비교가 되지 않았다. 맨유는 1998-99시즌 프리미어리그, FA컵, 챔피언스리그를 우승하며 최전성기를 누렸고, 알렉스 퍼거슨은 영국 왕실로부터 기사 작위를 수여받을 정도로 엄청난 유명 인사였다. 데이비드 베컴, 폴 스콜스, 라이언 긱스, 네빌 형제 등은 어린 선수에서 슈퍼스타로 거듭나며 맨유의 전성기를 이끌었다.

▲ 맨유 홈구장 올드 트래포드에서 벌어진 참패

그리고 마침내 맨시티는 2008년 변화의 기회를 잡았다. 아랍에미리트 대부호 만수르가 구단주로 취임하며 세계에서 가장 부유한 클럽으로 거듭났기 때문이다. 곧바로 레알 마드리드의 호비뉴를 영입했고, 숀 라이트 필립스, 셰이 기븐 등 리그 유명 선수를 데려오기 시작했다. 그러나 맨시티는 리그 10위에 머물며 아쉬운 시즌을 보냈다. 만수르는 맨시티의 부진을 오히려 투자의 확대로 만회하려 노력했다. 라이벌 구단 맨유의 카를로스

테베즈는 물론 아스날의 엠마뉴엘 아데바요르, 콜로 투레를 영입하며 폭발적인 자금력으로 스쿼드를 강화했다.

결국 공격적인 투자는 화려한 성과로 드러났고, 2011년 10월 23일 올드 트래포드에서 화룡점정을 찍었다. 맨유 에반스의 퇴장, 주축 선수들의 체력 저하로 맨유는 급격히 무너졌고 맨시티는 이를 놓치지 않았다. 에딘 제코, 다비드 실바, 아게로, 발로텔리가 나란히 골을 넣으며 무려 맨유 홈 경기장에서 6대 1 대승을 거둔 것이다. 이후 2013-14 시즌에도 2년 만에 다시 우승컵을 되찾았고, 반면 맨유는 최악의 성적인 7위로 시즌을 마무리했다.

10년 전 팬은 물론 전문가 아무도 맨시티의 우승과 맨유의 몰락을 예상하지 못했을 것이다. 물론 이처럼 10년 후의 결과 역시 아무도 모른다. 마치 우리 인생처럼 영원한 1등도 꼴찌도 없는 것이 축구다. 누구도 예상할 수 없는 불확실성이 어찌 보면 축구의 가장 큰 매력이 아닐까?

8. 챔피언스리그 결승전 최초의 더비 매치! 드디어 이뤄낸 라 데시마!

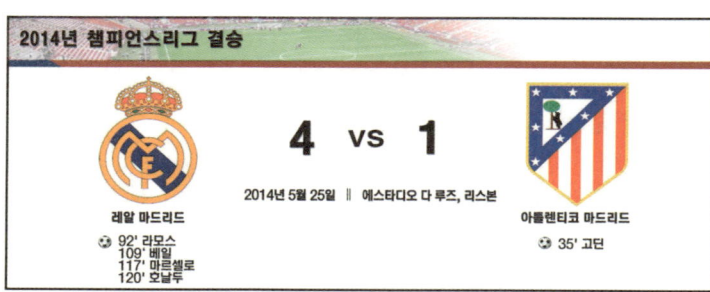

▲ 레알과 바르샤 양강 체제를 무너뜨린 아틀레티코 마드리드 시메오네 감독

라 데시마(La Decima). 10번째를 뜻하는 스페인어인 라 데시마는 레알 마드리드에게는 꿈같은 단어였다. 아홉수에 걸린 레알 마드리드는 챔피언스리그 우승 횟수를 9에서 10으로 바꾸는

데 12년이 걸렸다. 갈락티코를 표방하며 세계 최고의 선수들이 모여 있었을 당시에도 빅 이어(챔피언스리그 우승컵)는 레알의 것이 아니었다. 세 시즌 연속 준결승에서 탈락하며 아쉬움을 달랬던 레알 마드리드. 오랜 기다림의 끝에는 극적인 역전극이 있었고, 그 짜릿함은 이루 말할 수 없었다.

▲ 레알 공격을 이끄는 BBC 라인

역대 최초 챔피언스 리그 10회 우승을 노리는 레알 마드리드의 상대는 공교롭게도 스페인 클럽인 아틀레티코 마드리드였다. 결승전에서 같은 연고지 클럽 간의 첫 대결이었는데, 시메오네 감독이 이끄는 아틀레티코 마드리드의 기세는 무서웠다.

젊은 명장 시메오네 감독의 지휘 아래 아틀레티코 마드리드는 레알과 바르셀로나 양강 체제를 무너뜨리며 18년 만에 프리메라리가 우승을 차지했다. 게다가 챔피언스리그 4강에서는 첼시 원정에서 무려 3골을 몰아치며 끈끈한 팀워크를 선보였다. 골잡이 디에고 코스타가 부상으로 제 컨디션이 아니었지만, 거친 압박과 끈끈한 조직력으로 상대를 무력화하는 아틀레티코의 스타일은 화려한 레알과 상극이었다.

▲ 프리메라리가 우승을 이끈 고딘이 챔피언스리그에서도 맹활약을 펼쳤다.

레알의 BBC 라인('B'enzema, 'B'ale, 'C'ristiano Ronaldo를 지칭)은 예상대로 아틀레티코의 격렬한 태클과 강한 몸싸움에 힘을 못 썼다. 중원에서 정교한 패스로 공격의 물꼬를 터주는 사비 알론소마저 경고 누적으로 결승전에 나서지 못하자 레알은 힘겨운 초반을 보냈다. 팽팽한 승부의 추는 전반 36분 단 한 순간의 판단으로 기울었다. 가비가 오른쪽에서 올린 코너킥이 혼전 중에 후안 프란의 머리에 맞았다. 살짝 튀어 오른 공을 수비수와 경합을 벌이던 디에고 고딘이 헤딩으로 연결했지만 힘이 실리지는 않았다. 하지만 주장 카시야스가 펀칭하러 뛰어 나온 상황이었고, 공은 그대로 카시야스의 키를 넘기고 빈 골문으로 들어갔다. 안정적으로 잡을 수 있던 공이 한순간의 판단 실수로 치명적인 선제골로 이어졌다.

0-1로 뒤진 채 후반전을 맞이한 레알 마드리드는 공격에 박차를 가했다. 후반 6분 호날두의 강력한 프리킥이 골문을 노렸고, 디마리아와 모드리치는 더욱 공격적으로 돌파를 시도했다. 카를로 안첼로티 레알 감독 역시 마르셀루, 이스코, 모라타를 투입하며 반드시 이겨야 한다는 의지를 보였다. 하지만 후안 프란, 미란다, 고딘, 필리페가 이끄는 포백 라인은 2013-14 프리메라리가 최소 실점(26실점)을 거둔 기록처럼 견고했다. 그럼에도 불구하고 승리의 여신은 마지막 기회를 레알 마드리드에게 주었다. 후반 추가 시간 마지막 코너킥 기회가 온 것이다. 모드리치가 길게 올려준 공은 높게 뛰어오른 라모스의 머리로 정확히 향했고, 곧바로 라모스는 헤딩 동점 골을 성공했다. 1-1. 정규 시간은 동점으로 끝났지만 이미 분위기는 완벽하게 레알쪽으로 기울었다.

게다가 아틀레티코 마드리드는 디에고 코스타를 전반 9분 만에 교체하며 교체 선수에 여유가 없었다. 90분에 맞춰 모든 에너지를 쏟아낸 아틀레티코 마드리드에게 연장전은 결코 반가운 일이 아니었다. 지칠 대로 지친 선수들은 디마리아의 빠른 돌파에 속수무책이었고, 결국 골은 측면 돌파에서 시작했다. 연장 후반 5분 디마리아가 발재간을 부리며 수비수 두 명을 따돌렸고, 강하게 때린 공은 골키퍼 쿠르트와를 맞고 튀어 올랐다. 그러자 기회를 놓치지 않고 쇄도한 베일이 머리로 역전 골을 넣으며 경기장의 레알 팬들을 흥분시켰다. 연이어 7분 뒤 마르셀루는 압박이 약해진 틈을 타 중앙으로 파고들다 중거리 슈팅으로 쐐기골을 터뜨렸다.

▲ 종료 직전 경기를 뒤집은 골 넣는 수비수 라모스

그리고 마지막 주인공은 역시 발롱드로를 들며 유럽 최고의 선수란 걸 증명한 호날두였다. 직접 페널티킥을 얻어내고 경기 종료와 동시에 레알의 4번째 골, 자신의 챔피언스리그 17골이란 역사적인 기록에 마침표를 찍었다. 화끈하게 유니폼을 벗어던지고 탄탄한 근육을 뽐내며 챔피언스리그의 주인공이 된 것을 만끽한 호날두. 그는 진정한 레알 마드리드의 에이스이자, 유럽 최고의 사나이로 거듭났다.

체력적 부담으로 연장 막판 무기력하게 무너졌지만 아틀레티코 마드리드 역시 특유의 거친 팀 컬러로 유럽 무대에서 '티키타카'만이 유일한 해답이 아니란 걸 증명했다. 한편 덕장 안첼로티 감독은 챔피언스리그 3회 우승 감독(AC밀란 2회, 레알 마드리드 1회)이란 칭호를 얻었고, 레알 마드리드는 대기록을 세우며 시즌을 마무리했다.

제4장
해외 국가대표

제4장 해외 국가대표

1. 화끈한 삼바 축구의 믿음직한 공격형 수비수, 무패 우승의 신화를 쓰다

브라질은 축구의 나라다. 축구 종주국 영국, 아트사커 프랑스, 오렌지군단 네덜란드. 수많은 나라가 '축구'란 스포츠에 열광하지만, 누가 뭐래도 명실상부한 축구의 나라는 브라질이다. 2005년 브라질 축구 연맹 발표에 따르면 2004년에만 전 세계에 857명의 선수를 수출했다. 그리고 그들이 벌어들인 외화는 연봉과 이적료를 포함해 1억 5,000만 달러다. 브라질 국내총생산(GDP)의 3%에 해당하는 어마어마한 수치다. 최근 산투스의 네이마르가 FC 바르셀로나로 이적할 때 약 8,620만 유로(약 1,273억 원)가 오간 것만 봐도 브라질 축구의 위상을 알 수 있다. 맨발로 해변, 길거리를 누비던 선수들은 꿈에 그리던 월드컵 무대에서 뛰고, 모두의 찬사를 독차지한다. 그들에게 축구는 단순한 스포츠를 넘어 가난을 극복하고 초특급 스타가 될 수 있는 매력적인 기회다.

▲ 주장 카푸의 꾸준함은 가장 큰 무기였다.

경쟁이 극심하고 인기가 많은 만큼, 노란 유니폼에서 유래한 카나리아 군단의 대표 선수가 되는 것은 엄청난 일이다. 게다가 월드컵 엔트리 23인, 나아가 그라운드를 누비는 11명에 속하는 일은 기적과도 같은 확률이다. 하지만 카푸는 그 어려운 월드컵, 그것도 결승 무대를 3회 연속이나 출전하는 놀라운 업적을 거두었다. 축구의 나라 브라질에서 가장 축구를 잘한다는 선수만이 뛸 수 있는 A매치에는 무려 142경기나 뛰었다. 카푸는 오른쪽 풀백으로 화려한 삼바 축구의 기둥이 되어주었다. 겸손한 성품, 탁월한 실력, 성실한 훈련 자세로 개성 강한 스타플레이어를 한 데 뭉치게 하는 리더 역할도 훌륭하게 해냈다. 개개인이 낙천적이고 자유로운 만큼, 끈끈한 조직력을 갖추기가 어려운 점이 브라질의 유일한 단점이었다. 하지만 모범적인 주장 카푸가 등장하며 브라질은 무결점의 팀으로 거듭났다. 그리고 2002년 한일 월드컵 결승에서도 그의 실력은 톡톡히 드러났다.

유럽과 남미, 세계 축구를 양분해 온 두 대륙의 대표를 꼽자면 독일과 브라질이었다. 브라질은 제1회 우루과이 월드컵부터 제20회 브라질 월드컵까지 한 번도 빠진 적이 없다. 58년 스웨덴, 62년 칠레, 70년 멕시코, 94년 미국, 2002년 한일 월드컵까지 총 5회 우승에 빛나는 최다 우승국이다. 자연스레 최다승, 최다골 기록도 보유하고 있으며, 꾸준한 전력을 선보였다. 전차군단 독일 역시 월드컵 최다 해트트릭 기록을 포함해 우승과 준우승을 각각 3회나 거두었다. 역대 월드컵 4강에도 무려 12회나 진출하며 기복 없이 강한 면모를 보여주었다. 우승후보 1순위인 그들이 맞붙은 적은 공교롭게도 한 차례도 없었다. 조별 예선은 물론 토너먼트에서도. 그런 그들이 2002년 한일 월드컵 결승전에서 운명의 명승부를 펼쳤다.

▲ 삼바 축구 브라질이 남미의 자존심을 지켰다.

 두 팀 모두 경기를 치를수록 더욱 기세가 오르고 있었다. 월드컵이 시작하기 전에는 브라질, 독일 모두 예전 같지 못하다는 조롱을 들었다. 독일은 숙적 잉글랜드에 5대 1로 패하고 플레이오프를 치르는 등 고전을 면치 못했다. 브라질 역시 남미 예선에서 감독이 무려 4번이나 교체될 정도로 흔들렸고, 막판에 가까스로 본선행 열차에 올라탔다. 하지만 그들의 클래스는 쉽게 변하지 않았다. 독일은 클로제를 앞세워 조별리그에서 사우디아라비아를 8대 0으로 대파했다. 브라질 역시 벨기에, 잉글랜드, 터키를 차례로 격파하며 결승에 올라왔다. 처음으로 열리는 공동 개최 월드컵. 하지만 전통의 강호 브라질, 독일은 낯선 아시아 무대에서도 압도적인 실력을 뽐냈다. 남미 월드컵에서는 남미 국가가, 유럽 월드컵에서는 유럽 국가가 우승한다는 징크스는 더 이상 존재하지 않았다. 중립이나 다름없는 한국, 일본에서 진정한 승부를 펼칠 생각에 모든 축구팬은 브라질과 독일의 결승전을 기대했다.

▲ 역사상 가장 완벽한 대표팀이라 평가받는 02년 브라질 대표팀.
그 중심에는 카푸가 있었다.

뚜껑을 열어보니 승부의 신은 브라질의 손을 들어주었다. 요코하마에서 열린 결승전은 호나우도의 독무대였다. 67분, 79분 침착하고 깔끔한 슈팅으로 자신의 득점왕과 우승을 동시에 확정 지었다. 67분 히바우두의 강력한 왼발 슈팅이 올리버 칸의 가슴을 맞고 나오자 호나우두는 빠르게 공을 향해 달렸다. 침착하게 튕겨 나온 공을 밀어 넣으며 답답했던 전반전의 플레이를 한 번에 만회했다. 뒤이어 79분에는 간결한 스트라이커의 정석을 보여주었다. 측면에서 넘어온 크로스를 동료가 흘려주자 오

제4장 해외 국가대표

른발로 트래핑 후 한 템포 빠른 중거리 슈팅으로 추가골을 넣었다. 불필요한 몸싸움이나 긴 드리블이 아닌 골에 최적화된 몸놀림이었다. 3R로 불리는 호나우도, 히바우두, 호나우지뉴의 삼각 편대는 독일의 수문장 올리버 칸도 막기 어려웠다. 대회 MVP에 뽑힐 정도로 환상적인 선방을 보여준 칸도 두 골을 내주며 브라질의 공세에 당했다.

하지만 화려한 공격력은 탄탄한 수비력이 없이는 존재할 수 없다. 그리고 그 중심에는 브라질의 중심 카푸가 있었다. 왼쪽은 호베르토 카를로스, 오른쪽은 카푸. 공격적인 두 풀백은 왕성한 활동력을 바탕으로 상대 측면을 틀어막았다. 헤딩으로만 5골을 넣은 클로제도 측면에서 크로스가 올라오지 못하자 힘을 쓰지 못했다. 카푸는 안정적인 대인 방어는 물론이고, 영리한 오버래핑으로 공격과 수비의 주축 역할을 톡톡히 했다. 7전 7승 18득점 4실점. 카푸는 압도적인 경기력을 선보인 브라질에서 주장으로 7경기 모두 풀타임 출전하는 강인한 체력을 보여주었다. 화려한 공격은 팬을 부르고, 탄탄한 수비는 승리를 부른다는 진리를 몸소 선보인 카푸. 그는 2002년 월드컵 명승부의 숨은 주인공이었다.

2. 희비가 엇갈린 두 영웅의 페널티킥, 백년전쟁의 종지부는 마에스트로가 찍었다

유로 2000은 아트사커 프랑스의 전성기를 알리는 하이라이트였다. 1998년 월드컵 우승은 운이 아닌 실력이란 걸 스스로 증명했다. 우승국은 실력이 아니라 신이 택한다는 말이 딱 들어맞는 유로 2000 결승전이었다. 경기 종료 30초 전 프랑스는 0대 1로 지고 있었다. 상대는 빗장 수비로 악명 높은 탄탄한 이탈리아였다. 후반 10분 터진 델 베키오의 골을 지켜내며 32년 만의 우승을 코앞에 두었다. 모든 선수가 내려와 수비진을 견고히 했고, 최후의 보루는 준결승에서 페널티킥을 무려 5개나 막아낸 상승세의 프란체스코 톨도였다.

도무지 골이 터질 가능성이 없을 때 프랑스는 천금 같은 기회를 얻었다. 골키퍼 바르테즈가 찬 공이 트레제게를 거쳐 윌토르에게 이어졌다. 마지막 기회에서 윌토르는 차분하게 가슴 트래핑 후 정확한 슈팅으로 동점을 만들었다. 그리고 화룡점정은 후반 31분 교체 투입된 다비드 트레제게의 몫이었다. 피레스가 패스한 공을 트레제게는 역동적인 왼발 발리 슈팅으로 연결했다. 골키퍼가 손쓸 틈도 없이 강력하게 날아간 공은 그대로 이탈리아의 골문을 흔들었다. 마에스트로 지네딘 지단을 중심으로 한 프랑스는 2001년 컨페더레이션스컵 우승까지 거머쥐며 상승세를 이어갔다. 비록 2002년 한일 월드컵의 부진은 뼈아팠지만, 프랑스는 유로 2004에서 잉글랜드를 상대로 다시 한 번 명승부를 펼쳤다.

▲ 유로 2000 최고의 명장면. 우승을 확정 지은 트레제게의 골든골

2004년은 각 나라 에이스들의 최고 전성기였다. 프랑스의 지네딘 지단, 포르투갈의 루이스 피구, 잉글랜드의 데이비드 베컴,

네덜란드의 루드 판니스텔루이 등 많은 스타 선수들이 최고의 기량을 뽐내던 시기였다. 조별 예선부터 승패를 점치기 힘든 엄청난 대진이 짜였다. 특히 2004년 리스본에서 열린 B조 조별예선 잉글랜드와 프랑스의 대결이 특히 사상 최고의 빅매치로 손꼽혔다. 베컴과 지단이 맞붙는 경기였기 때문이었다. 축구 팬 사이에서 흔히 세계 4대 미드필더로 꼽히던 지네딘 지단, 루이스 피구, 데이비드 베컴, 후안 베론은 말 그대로 슈퍼스타였다. 자연스레 당시 레알 마드리드에서 함께 뛰면서 갈락티코를 이뤘기에 베컴과 지단이 서로 다른 유니폼을 입고 몸싸움을 하는 건 당연히 매력적이었다. 프리킥 스페셜리스트 베컴, 마에스트로 지단. 단순한 조별 예선 한 경기가 아닌 국가의 자존심이 걸린 외나무다리 승부였다.

▲ 선제골로 경기 흐름을 바꾼 잉글랜드

중세 말기 영국과 프랑스가 벌였던 백년전쟁은 수백 년이 흐른 2000년 리스본에서 되살아났다. 주장 베컴이 이끄는 잉글랜드는 축구 신동 웨인 루니의 가세로 기대를 높였다. 2002년 아스널을 상대로 경기 종료 직전 역전 골을 뽑아낸 웨인 루니는 에버턴의 영웅이자 잉글랜드의 구세주였다. 더불어 베컴의 맨유 유스 단짝 스콜스를 비롯해 제라드, 램퍼드 등 탄탄한 중원은 굵직한 잉글랜드식 축구를 더욱 견고하게 만들었다. 반면 프랑스는 유로2000 우승 멤버가 대거 출전하며 아트 사커의 진수를 보여줄 준비를 마쳤다. 각 리그 득점왕 출신 앙리와 트레제게가 함께 뛰는 최전방은 상대 수비에겐 악몽이나 다름없었다. 게다가 동물적인 감각의 바르테즈가 지키는 골문은 역습의 위험을 최소화했다.

전반은 프랑스의 흐름이었다. 왼쪽과 중앙을 넘나들며 자유롭게 잉글랜드 수비진을 농락한 지단은 계속 공격 기회를 만들었다. 트레제게에게 결정적인 패스를 연결해주거나 직접 슈팅으로 연결했지만 아쉽게도 득점에는 실패했다. 공격 전개 과정은 좋았지만 솔 캠벨의 거친 태클과 데이비드 제임스 골키퍼의 선방에 번번이 막혔다. 바로 그때 흐름을 바꾼 건 역시 슈퍼스타 베컴이었다. 당시 잘생긴 외모, 세련된 패션으로 축구계뿐 아니라 연예계까지 휩쓸던 베컴은 그래도 본업은 축구였다. 위기에 강한 면모를 돋보이며 잉글랜드의 우상으로 확실히 자리매김했다(2002년 월드컵 직행을 확정 지은 종료 직전 프리킥 골도 베컴의 오른발 끝에서 나왔다).

전반 38분 프리킥 기회를 얻은 베컴은 침착하게 공을 차올렸다. 상대 관중의 야유에도 굴하지 않고 베컴의 발을 떠난 공은 아름다운 곡선을 그리며 정확하게 램파드에게 이어졌다. 치열한 자리다툼에서 램파드는 공의 방향만 살짝 바꾸었고, 그대로 득점으로 이어졌다. 프리킥, 코너킥, 크로스를 도맡았던 베컴의 오른발은 누구보다 정확하고 위력적이었다. 전 세계의 사랑을 받은 영화 〈러브 액츄얼리〉에 대사만 보더라도 그의 상징성을 엿볼 수 있다.

> "영국은 작지만 위대한 나라입니다. 셰익스피어, 처칠,
> 비틀즈의 나라이며, 숀 코넬리, 해리포터의 나라입니다.
> 데이비드 베컴의 오른발도요.
> 데이비드 베컴의 왼발도 되겠죠."
> — 〈러브 액츄얼리〉 中

▲ 마에스트로 지단의 프리킥은 프랑스 아트사커의 화룡점정을 찍었다.

하지만 베컴의 오른 발에 수많은 잉글랜드 팬은 눈물을 훔쳤다. 바로 후반 27분 경기를 완전히 끝낼 수 있는 페널티킥을 실축했기 때문이었다. 거침없는 10대 공격수 웨인 루니는 들소처럼 프랑스 진영으로 파고들었다. 빠르고 단단한 루니의 드리블 돌파에 노련한 프랑스 수비는 당황했고, 급기야 실베스트리가 루니를 막아섰지만 결국 반칙을 저지르고 말았다. 키커는 당연히 주장 베컴이었다. 2002년 아르헨티나전에서도 그는 강력한 정면 페널티킥 골로 승리를 이끌었던 만큼 감독은 물론 팬의 신뢰가 컸다. 유로 2004 예선 터키전에서 실축하며 상대의 조롱을 듣기도 했지만, 그건 운이 따르지 않은 실수일 뿐이었다.

하지만 이번에도 실수는 되풀이되었다. 바르테즈의 엄청난 선방으로 베컴의 페널티킥이 실패한 것이었다. 분위기는 지고 있던 프랑스 쪽으로 급격히 넘어왔다. 그리고 프랑스에는 축구를 스포츠를 넘어 예술의 경지로 승화시켰다는 마에스트로 지단이 있었다.

인저리 타임에 돌입하고 마지막 프리킥 기회가 프랑스에게 주어졌다. 지단은 겹겹이 벽을 쌓은 잉글랜드 장신 선수들을 아슬아슬하게 피해 가는 강력한 오른발 슈팅을 날렸다. 빠르게 넘어간 공은 제임스가 미처 몸을 날리기도 전에 잉글랜드 골망을 갈랐다. 24m 떨어진 곳에서 찬 91km/h 속도의 프리킥은 예술에 가까웠다. 승점 1점을 나눠 가지는 무승부였지만 B조 1위, 나아가 우승을 노리는 프랑스에겐 아직 아쉬운 상황이었다. 종료 직전 동점 골을 내준 잉글랜드는 급격히 집중력이 흐트러졌다. 프랑스의 집중력은 최고였고, 잉글랜드의 혼란스러움 역시 최고였다. 이런 상황에서 드라마는 시작되기 마련이고, 긴장감을 승부사 기질로 이겨낸 영웅이 등장했다.

중원에서 프랑스와 잉글랜드 선수들이 뒤엉켜 몸싸움을 벌이는 상황에서 제라드는 시간을 끌기 위해 골키퍼에게 백패스를 시도했다. 하지만 최전방에는 누구보다 빠르고 탄력적인 공격수 앙리가 기다리고 있었다. 주저하지 않고 공을 향해 뛰어간 앙리를 막기 위해 제임스가 뒤늦게 태클을 시도했지만 야속하게도 심판의 휘슬 소리는 경기장에 울려 퍼졌다. 앙리의 저돌적인 움직임이 페널티킥을 만든 것이었다.

▲ 페널티킥으로 희비가 엇갈린 두 나라의 주장

지단은 차분하고 담담한 표정으로 페널티킥을 역전 골로 마무리했고, 프랑스는 마치 우승이라도 한 듯 축제 분위기였다. A매치 19경기 무패행진을 이어간 프랑스는 짜릿한 승리에 취했다. 반면 잉글랜드 선수들은 허탈한 표정으로 그라운드에 쓰러졌고, 특히 베컴은 비통한 표정으로 지단과 악수를 할 뿐이었다.

사이좋게 1, 2위로 조별 예선을 통과한 강호 프랑스와 잉글랜드. 하지만 두 나라의 명승부는 유로2004에서 다시 볼 수 없었다. 두 나라 모두 결승 진출에 실패했기 때문이었다. 잉글랜드는 이후 루니의 연속골 행진 덕분에 8강에 진출했지만 포르투갈에 승부차기 끝에 무릎을 꿇었다. 프랑스 역시 돌풍의 핵 그리스에 0대 1로 패하며 조용히 퇴장했다. 희비가 엇갈린 두 축구 영웅의 페널티킥, 인저리 타임에 터진 동점 골과 역전 골, 슈퍼스타들의 맞대결. 잉글랜드와 프랑스의 조별 예선 첫 경기는 비록 결승전은 아니었지만 전 세계 수많은 팬에게 짜릿한 추억을 선물했다.

3. 승리를 향한 열정, 유로 2008 최고의 신데렐라 터키가 진정한 끈기를 보여주다

"축구 경기는 한 골 차이의 승부가 가장 재미있고, 그중에서도 3대 2 스코어가 가장 이상적이다." -펠레

브라질 축구 황제 펠레는 축구에서 가장 흥미진진한 스코어를 3대 2로 꼽았다. 역전에 역전을 거듭하고, 시원한 골이 여러 차례 터지는 경기를 관중이 가장 재밌어 한다는 점 때문이었다. 그래서 가장 박진감 넘치는 '3대 2' 스코어를 축구 황제 펠레의 이름을 따 '펠레 스코어'라고 부른다. 그런 의미라면 유로 2008 본선 조별리그 A조 3차전은 '대역전극'이란 극적인 요소가 가미된 최고의 펠레 스코어라 할 수 있다. 터키와 체코의 한판 대결은 0대 2로 체코에 뒤지고 있던 터키가 끝까지 포기하지 않고 만들어낸 '극장 경기'였다. 그리고 동점 골, 역전 골의 주인공 니하트 카베지의 잊을 수 없는 '인생 경기'였다.

터키의 기적은 지난 경기 스위스전부터 시작했다. 파티흐 테림 감독은 12일 스위스 바젤 상크트 야콥 파크에서 열린 스위스 전을 2대 1 승리로 이끌었다. 첫 경기 상대인 포르투갈에 0대 2로 무릎을 꿇으며 8강 진출에 적신호가 켜졌지만 터키는 강했다. 개최국 이점을 가지는 스위스는 전반 32분 하칸 야킨이 선취골을 뽑으며 승기를 잡았다.

▲ 유로2004 4강팀, 피파 랭킹 6위 체코는 매우 안정적인 전력을 자랑했다.

터키계 스위스인 하칸 야킨은 전반 초반부터 과감한 슈팅을 시도하며 공격을 이끌었다. 이대로 경기가 끝나면 2패로 유로 2008 8강 진출이 불가능해지는 터키는 세미흐 센튀르크, 메메트 토팔 등 공격적인 성향의 선수를 연이어 투입했다. 다행히 파티흐 테림 감독의 교체카드는 적중했고 센튀르크가 니하트 카베

치의 크로스를 머리로 밀어 넣으며 동점에 성공했다. 이후 후반 47분 아르다 투란의 침착한 오른발 슈팅으로 극적인 역전승을 거두었다.

이러한 기세는 쉽사리 가시질 않았다. 3차전 상대는 동유럽의 강호 체코였다. 유로2004 4강 진출국 체코는 피파 랭킹 6위로 최고의 전력이었다(당시 터키의 랭킹은 20위). 게다가 1958년 이후 터키는 체코를 꺾지 못하며 늘 약한 모습을 보였다. 개막전에서 스위스를 1대 0으로 꺾은 체코는 조 2위 자리를 두고 터키와 맞붙었다. 초반 주도권은 체코의 몫이었다. 202cm의 장신 스트라이커 얀 콜레르는 그리게라가 오른쪽 측면에서 올린 크로스를 가볍게 방향만 바꿔 넣으며 선제골을 뽑았다. 상대보다 한 뼘 큰 키를 활용한 단순하지만 가장 강력한 공격이었다. 중원 압박과 측면 스피드가 장점인 터키는 빠르고 과감한 공격으로 동점을 노렸지만 페트르 체흐의 선방으로 번번이 실패했다.

오히려 다급한 터키는 추가 골을 허용했다. 후반 17분 리보르 시온코가 올려준 크로스를 야로슬라프 플라실이 마무리하며 스코어는 2대 0이 되었다. 1골 차와 2골 차가 주는 부담감은 어마어마했다. 다행히 후반 25분 아르다 투란이 페널티 에어리어 왼쪽에서 만회 골을 터뜨리며 희망의 불씨를 살렸다. 후반 막판 이기고 있는 상황에서 체코는 전혀 급할 게 없었고, 경기 템포를 죽이며 안정적으로 경기를 운영했다.

그러나 터키의 마법은 후반 종료 5분 전부터 어김없이 시작되었다. 후반 42분 철옹성 같던 체흐가 오른쪽에서 올라온 크로스를 제대로 잡지 못하는 어처구니없는 실수를 범했다. 니하트 케비치는 기회를 놓치지 않고 달려들어 2대 2 동점을 만들었다.

가장 믿음직했던 골키퍼가 흔들리자 체코는 순식간에 무너졌다. 후반 44분 당황한 체코는 패스 실수를 저질렀고, 하밋 알틴톱은 오른쪽으로 달려드는 니하트 케비치에게 곧바로 공을 넘겼다. 2분 전 행운의 동점 골을 터뜨린 니하트 케비치는 이번에는 자신의 킥력과 타고난 센스를 뽐내며 아름다운 역전 골을 터뜨렸다. 오른발로 감아 찬 공은 예술적인 궤도를 그려 크로스바 안쪽을 맞고 그대로 골라인을 넘었다.

▲ 유로2008의 신데렐라, 가장 매력적인 나라로 손꼽히는 터키.
유독 역전승이 많았다.

터키 11명이 보여준 불굴의 투지는 행운을 만들었고, 이를 놓치지 않은 터키는 뒤이어 실력으로 자신들의 존재 이유를 증명했다. 후반 막판 골키퍼 볼칸 데미렐이 거친 파울로 퇴장당하며 다시 한 번 터키에 위기가 찾아왔다. 하지만 공격수 툰차이

산리가 골문을 지키고 나머지 10명이 모두 육탄 방어로 체코의 파상공세를 막아냈다. '승리를 향한 열정'이 가장 뜨거웠던 터키의 돌풍은 어찌 보면 당연한 결과였다.

예선부터 노르웨이에 극적인 역전승을 거두며 본선에 진출했던 것만 봐도 알 수 있었다. 체코전에 지고 있는 상황에서 부심의 깃발 교체로 잠시 경기가 지연되었다. 1분 1초가 소중한 터키는 대기심으로부터 새 깃발을 받아 전력 질주하여 가져다 줄 정도로 '승리'를 위해 모두가 하나 된 모습을 선보였다. 자존심이 강한 선수들이 경기장 안에서 뛰지 못하는 걸 불평하기보다는 조금이라도 팀에 보탬이 되려고 경기장 밖에서도 애쓰는 모습은 감동적이었다.

이런 '터키 극장'은 8강 크로아티아전에서도 등장했다. 우승후보 독일까지 꺾으며 3전 전승으로 조별리그를 통과한 크로아티아. 강호 크로아티아의 클라스니치는 연장 후반 14분 결승골이나 다름없는 골을 터뜨렸다. 하지만 이번에도 터키는 경기 종료 7초 전 세미흐 센투르크가 골키퍼의 롱킥을 강한 오른발 슈팅으로 연결하며 승부차기까지 경기를 끌고 갔다. '7초의 기적'을 이뤄낸 터키는 모드리치, 라키티치, 페트리치가 연거푸 페널티킥을 실패한 크로아티아를 3대 1로 꺾으며 4강까지 진출했다. 비록 독일 필립 람의 후반 45분 결승골로 2대 3 패배를 거두었지만 터키는 가장 박진감 넘치는 경기를 탈락 직전까지 보여주었다. 펠레 스코어의 팀 터키, 그들의 강점은 빠른 공격력이나 탄탄한 수비력도 아닌 끝까지 경기를 포기하지 않는 열정이었다.

▲ 터키 극장을 이끌어낸 니하트

4. 가장 기쁜 순간 펼쳐지는 가장 슬픈 골 뒤풀이, 스파이더맨의 추억

▲ 악동 발로텔리의 귀여운 골 뒤풀이

2002년 대한민국 8강 진출을 결정지은 안정환의 반지 키스. 솔트레이크 동계 올림픽 오심을 꼬집는 한국의 쇼트트랙 세레모니. 1994년 아들 마테우스를 위한 브라질 베베토의 요람 세레모니. 2014년 브라질 월드컵의 핫이슈인 콜롬비아의 집단 댄스 세레모니. 심지어 악동 발로텔리는 "왜 항상 나만 갖고 그래?(WHY ALWAYS ME?)"란 메시지를 펼쳐 보이며 불평 섞인 세레모니를 펼치기도 했다. 골을 넣은 기쁨을 함께 나누는 방식은 하나의 문화로 자리 잡았다. 2006년 월드컵의 경우 TV 시청 누적 인원이 262억 9000만 명이나 되고, 결승전은 무려 7억 1510만 명이 봤다. 모든 이들이 환상적인 골 이후 등장하는 유쾌하고 열정적인 골 뒤풀이에 관심을 가지기 마련이다. 초미의 관심사인 만큼 FIFA는 상업적, 정치적 메시지를 담은 골 뒤풀이에 대해 강력히 제재를 가한다.

▲ 3골이나 터뜨리며 강한 공격력을 선보인 강호 에콰도르

한편 이런 제재에도 꿋꿋이 경고를 감수하면서까지 가면을 쓴 선수가 있다. 바로 2006년 독일 월드컵에 출전한 에콰도르의 이반 카비에데스였다. 경고를 감수하고 우스꽝스러운 스파이더맨 가면을 써야만 했던 그의 안타까운 사연은 많은 팬의 눈시울을 붉혔다.

15일 함부르크 월드컵경기장에서 A조 조별리그 2차전 에콰도르와 코스타리카의 승부가 펼쳐졌다. 남미의 강호 에콰도르는 브라질, 아르헨티나에 이어 지역 예선을 통과한 알짜배기 강팀이었다. 첫 경기 상대 폴란드를 2대 0으로 깔끔하게 이긴 에콰도르는 북중미의 강호 코스타리카 역시 압도했다. 주전 투톱 카를로스 테노리오와 아구스틴 델가도의 맹활약으로 경기는 쉽게 흘러갔다. 전반 8분 델가도가 오른쪽 측면의 발렌시아에게 패스를 연결했고, 발렌시아는 정확한 크로스를 올렸다. 수비수 틈 사이에서 테노리오는 깔끔한 헤딩으로 선제골을 터뜨렸다. 코스타리카 에이스 파울로 완초페는 고립되어 이렇다 할 공격을 하지 못했고, 에콰도르는 후반전에도 공격을 늦추지 않았다. 후반 9분 멘데스의 패스를 델도가 가슴으로 트래핑한 뒤 곧바로 슈팅해 추가 골로 연결했다. 1차전 폴란드전과 똑같이 테노리오, 델가도 콤비가 나란히 골을 터뜨리며 상승세를 이어갔다.

코스타리카는 만회골을 위해 계속 공격했지만 후반 41분 알바로 사보리오의 슈팅이 골대를 맞으며 별다른 소득을 올리지 못했다. 오히려 에콰도르가 경기 종료 직전 세 번째 쐐기골을 넣었다. 주인공은 후반 시작과 동시에 투입된 카비에데스였다. 카비에데스는 경기 종료 직전 멘데스의 크로스를 받아 아름다운 오른발 발리 슈팅으로 스코어를 3대 0으로 만들었다. 기쁨의 순간 카비에데스는 바지춤에서 노란색 스파이더맨 가면을 꺼냈다. 활동량이 많은 공격수라 경기 내내 불편했을 텐데 그는 곧바로 가면을 쓰고 골 세레모니를 펼쳤다. 모두가 갑작스러운 스파이더맨 세레모니에 재밌다는 반응이었지만 감춰진 뒷 이야기를 듣고 나니 안타까움을 금치 못했다. 그의 세레모니는 교통사고로 숨진 국가대표 동료 오틸리노 테노리오를 위한 추모의 메시지였다. 25살이란 젊은 나이에 목숨을 잃은 오틸리노 테노리오는 생전에 골 뒤풀이로 스파이더맨 가면을 쓰고 환호하곤 했다. 이를 기리기 위해 카비에데스는 혼신의 힘을 다해 뛰었고 결국 골을 터뜨리고 준비한 세레모니를 펼쳤다.

▲ 하늘로 떠난 동료를 위한 골 뒤풀이를 펼치는 카비에데스

> "그는 그라운드에서는 나의 파트너였고, 인생에서는 친구와
> 형제였다. 이 순간 그와 함께 있고 싶다는 생각에 그의
> 스파이더맨 쇼 세리머니를 준비했다"
> - 카비에데스

11명의 에콰도르 선수는 먼저 떠난 동료 오틸리노 테노리오를 가슴에 품고 뛰었다. 그 덕분인지 하나로 똘똘 뭉친 에콰도르는 조별 예선 2경기 만에 16강 진출을 확정 지었다. 1강 독일의 뒤를 이어 폴란드, 코스타리카와 접전을 펼칠 것이란 예상을 가볍게 깨뜨린 것이다. 비록 마지막 경기에서 독일에 0대 3으로 패했고, 16강에서 잉글랜드에 0대 1로 무릎을 꿇으며 아쉽게 탈락했지만, 에콰도르는 특색 있는 축구를 선보였다. 자신이 가장 주목받을 수 있는 절호의 기회에도 카비에데스는 동료를 먼저 떠올렸다. 이처럼 개인보다 팀을 먼저 생각한 그들의 마음가짐이 에콰도르의 돌풍을 이끈 원동력이었다. 골 세리머니는 골을 넣은 자만이 누릴 수 있는 특권이다. 그리고 골 세리머니는 90분간 치열하게 싸우는 선수들이 재치, 끼, 흥을 마음껏 발휘할 수 있는 가장 자유로운 시간이다. 물론 골을 넣은 후 가장 기쁜 순간이 아이러니하게도 누군가를 추모하는 가장 슬픈 시간이 될 수도 있는 법이다. 마치 먼저 떠난 동료를 위한 카비에데스의 따뜻한 마음처럼.

6. 기본에 충실한 남자, 평범함을 넘어 특별함을
뽐내며 하늘 위 친구를 추억하다

▲ 남아공 월드컵 최고의 이슈 메이커 부부젤라

경기장을 가득 메운 부부젤라의 소음, 점쟁이 문어 파울의 신통한 경기 예측. 말도 많고 탈도 많았던 아프리카에서 열린 첫 번째 월드컵. 2010년 남아공 월드컵 결승전의 주인공은 전통의 유럽 강호 두 팀이었다. 유로 2008 우승 이후 탄탄대로를 달리는 패스 축구의 본고장 스페인. 토탈사커의 원조이자 화끈한 공격력의 오렌지 군단 네덜란드. 결승전으로 오는 두 나라의 행보는 사뭇 달랐다. 전문가들은 이니에스타, 사비, 페드로, 부스케츠 등 FC바르셀로나 주전 선수들을 대거 중용한 델 보스케 감독의 스페인이 화려한 공격 축구를 구사하리라 예측했다.

▲ 스페인은 의심할 여지없는 최고의 우승 후보였다.

하지만 뚜껑을 열어보니 점유율이나 패스 성공률은 높았지만 정작 결정적인 한 방이 부족하여 많은 팬들의 우려를 샀다. 유럽 대회 우승국은 다음 월드컵에서 부진하다는 징크스가 스페인에도 적용된다는 이야기도 많았다. 실제 유로 2000 우승국 프랑스는 2002년 한일월드컵에서 무득점으로 조별리그에서 떨어졌고, 유로 2004 우승국 그리스는 2006년 독일 월드컵에 출전하지도 못했다. 게다가 조별리그 첫 경기 스위스전에서 후반 7분 페르난데스에게 골을 허용하며 패배를 기록했다.

하지만 유럽 축구의 흐름을 이끌어가던 FC바르셀로나와 레알 마드리드 선수로 주전 대부분을 채운 스페인은 점차 발을 맞춰가며 짠물 수비를 보여주었다. 최후의 방어선인 골키퍼 카시야스의 지휘 아래 라이벌 팀인 라모스와 푸욜이 완벽한 호흡으로 무실점을 이끌었다. 16강전 포르투갈, 8강전 파라과이, 4강 독일. 모두 1대 0이란 아슬아슬한 승리를 챙긴 스페인은 갈수록 안정적인 모습으로 변해갔다. 16강, 8강전 연이어 결승골을 넣은 비야의 컨디션은 상승세였고, 특유의 점유율 축구로 상대를 매섭게 몰아붙였다. 언제나 강호로 평가받았지만 정작 월드컵 우승 경험은 없었던 스페인은 차근차근 승리를 챙기며 결승전에 안착했다.

반면 네덜란드는 강력한 화력을 뽐내며 덴마크, 카메룬, 일본을 제치고 3승으로 조별 예선을 마쳤다. 16강 슬로바키아 전에서는 로벤과 스네이더가 나란히 골을 넣으며 골 폭풍을 몰아쳤다. 하지만 8강 상대가 만만치 않은 브라질이었다. 16강에서 칠레를 3대 0으로 이기고 올라오며 브라질 역시 날카로운 공격력을 자랑했기 때문이다.

경기 시작 10분 만에 호비뉴에게 골을 내주며 네덜란드는 어렵게 경기를 풀어갔다. 하지만 반더비엘, 헤이팅아, 오이에르 포백 중 3명이 경고를 받을 정도로 거칠게 브라질을 압박하며 공격을 이어갔다. 네덜란드는 촘촘한 수비를 바탕으로 추가 실점을 허용하지 않았고, 로벤과 스네이더를 주축으로 반격을 시작했다. 결국 후반 8분, 23분 스네이더의 연속골이 터지며 경기는 뒤집혔고, 다급해진 브라질은 펠리피 멜루가 로벤에게 악의적인 반칙을 하며 퇴장을 당했다. 네덜란드의 강력한 공격의 중심은 스네이더의 창조적인 패스와 간결한 슈팅이었다. 신의 손 사건을 일으키며 4강까지 올라온 우루과이 역시 3대 2로 물리치며 세계 정상을 노렸다.

스페인과 네덜란드. 두 나라는 우승을 위해 최상의 전력으로 맞붙었다. 스페인은 평소대로 짧은 패스로 점유율을 높여갔고, 네덜란드는 스페인을 상대로 거칠고 강한 전진 압박 수비를 들고 나왔다. 무려 8명이 경고를 받을 정도로 네덜란드는 스페인의 패스가 돌기 전에 반칙으로 먼저 흐름을 끊어냈다. 하지만 강한 압박에 익숙한 스페인은 전반전을 주도했다.

전반 5분 사비의 프리킥을 감각적인 다이빙 헤딩 슈팅으로 라모스가 연결했지만, 스테켈렌뷔르흐의 선방에 막혔다. 그 후 비야의 발리슛도 옆 그물을 때렸고, 페드로도 중거리 슈팅을 시도하며 네덜란드의 골문을 위협했다. 반면 네덜란드는 경고도 마다치 않는 거친 수비에 이은 **빠른 역습**으로 경기를 풀어갔다. 로벤, 반페르시, 스네이더 등 문전에서 높은 수준의 움직임을 보일 수 있는 특급 공격수가 많았기 때문이다. 전반 막판 로벤은 특유의 왼발 슈팅을 날렸지만 카시야스의 선방에 막혔다. 네덜란드의 공격, 스페인의 수비가 돋보였던 토너먼트와는 다른 양상이었다.

후반전 역시 스페인은 끈질기게 몰아붙였고, 네덜란드는 **빠**

른 로벤의 역습으로 상대를 위협했다. 팽팽했던 전반전과 달리 결정적인 기회는 양 팀에게 나란히 후반전에 찾아왔다. 후반 17분 스네이더의 스루 패스를 로벤이 침착하게 이어받아 카시야스와 1:1 상황을 맞이했다. 자신 있는 왼발 슈팅을 때렸지만, 카시야스의 발끝에 걸리면 그대로 골대 밖으로 벗어났다. 후반 24분에는 스페인의 차례였다. 교체 투입된 나바스가 올려준 크로스 패스가 비야에게 연결되었고, 곧바로 빈 골문을 향해 슈팅을 때렸지만 헤이팅아의 필사적인 태클에 막히고 말았다. 장군멍군 주고받은 두 나라는 결국 연장전에 돌입했다.

▲ 깔끔한 슈팅으로 결승골을 터뜨린 이니에스타

연장전도 주도권은 스페인이 쥐고 있었다. 연장 전반 10분 나바스가 페널티 박스 우측에서 강하게 슈팅을 시도했지만, 수비를 맞고 옆 그물을 흔들고 말았다. 뒤이어 파브레가스 역시 수비수 사이를 파고들며 문전까지 도달했지만 마무리를 짓지 못했다. 끈질긴 수비와 골키퍼의 선방을 앞세워 무실점을 유지하던 네덜란드에게 위기가 찾아왔다.

연장 후반 4분 이니에스타의 돌파를 막으려고 헤이팅아가 손을 써 퇴장을 당하고 만 것이다. 스페인은 수비수가 한 명 빠진 네덜란드의 허점을 파고들었다. 연장 후반 11분 토레스의 패스가 네덜란드 수비수를 맞고 튕겨 나왔고 파브레가스는 곧바로 이니에스타에게 공을 연결했다. 이니에스타는 침착하게 공을 트래핑하고 곧바로 하프발리슈팅을 때렸고, 이는 스페인의 우승을 결정짓는 골이 되었다.

지능적인 플레이, 상대의 움직임을 역이용하는 센스, 넓은 시야, 정확한 기본기. 이니에스타는 170cm의 작은 신장이었지만, 뛰어난 실력으로 스페인의 전성기를 이끌었다. 2010년 남아공 월드컵 결승 역시 그의 침착한 슈팅이 아니었다면 누구도 결과를 예측할 수 없었을 것이다. 2009년 챔피언스리그 준결승 2차전 후반 추가시간에서 바르셀로나를 탈락에서 구해낸 동점 골에 이어, 다시 한 번 극적으로 영웅이 되는 순간이었다. 남들이 모두 부러워할 최고의 순간, 이니에스타는 경고를 감수하면서도 유니폼을 벗어 던졌다. 기쁨에 못 이겨 한 행동이 아니라 준비된 행동이었다.

*"DANI JARQUE SIEMPRE CON NOSOTROS.
(다니엘 하르케는 항상 우리와 함께 있다)"*

　그의 티셔츠 속에는 갑작스러운 심장마비로 목숨을 잃은 동료 다니엘 하르케를 위한 메시지가 적혀 있었다. 다니엘 하르케를 가슴에 품고, 스페인의 우승을 위해 그라운드를 누빈 이니에스타는 명승부의 마침표를 직접 찍었다. 유로2008 우승을 거머쥐었지만, 월드컵 우승이 없었던 스페인은 세계 최강이라 칭하기 2% 부족했다. 하지만 이번 대회 우승을 비롯해 유로 2012 대회까지 우승하며, 스페인은 유럽 최강을 넘어 세계 최강의 이미지를 굳게 다질 수 있었다.

▲ 다니엘 하르케 추모 골 뒤풀이를 펼치는 이니에스타

5. 무승부가 보여줄 수 있는 최고 수준의 경기. 전술 대 전술이 맞붙다

▲ 결승전보다 더 흥미진진했던 조별예선

유로 2012 C조 1차전은 결승전, 4강전보다 많은 사람이 극찬한 경기다. 종료 직전 극적인 역전 골은 없었다. 화려한 공격으로 다득점이 터진 경기도 아니었다. 1대 1 무승부. 스코어만 보면 매우 평범한 조별 예선 한 경기라 생각할 수 있다. 하지만 경기 내용을 살펴보면 특별함을 느낄 수 있었다. 당대 최고의 전술, 그리고 이를 깨기 위한 맞춤 전술이 맞붙은 아름다운 축구가 펼쳐진 90분이었다.

스페인은 명실상부한 당대 최고의 전력이었다. 짧은 패스로 강한 압박을 벗어나고, 점유율을 높이며 전진해 나가는 '티키타카'는 스페인의 트레이드마크였다. 사비, 부스케스, 알론소, 다비드 실바, 이니에스타 등 세계 최고의 미드필더가 쏟아져 나오는 스페인의 허리는 티키타카에 특화되어 있었다. 이를 바탕으로 델 보스케 감독은 스페인을 이끌고 2010 남아공 월드컵에서 우승하며 세계 축구의 흐름을 주도했다. 많은 나라, 클럽이 너나 할 것 없이 패스 축구, 티키타카를 표방하며 스페인을 따라 했다.

반면 이탈리아는 특유의 빗장수비 카데나치오를 한 단계 끌어올린 전술을 들고 나왔다. 키엘리니, 데로시, 보누치로 구성된 스리백은 개인 기량은 물론 호흡 또한 최고였다. 미드필더 데로시는 중앙 수비수로 포지션을 옮겼지만 노련한 수비, 강력한 몸싸움으로 더욱 탄탄한 카데나치오를 완성했다.

수비에 무게를 두고 강력한 역습을 노리는 이탈리아의 핵심은 피를로였다. 활동량이 뛰어나고 거친 태클은 없었지만 피를로는 강력한 킥과 넓은 시야만으로도 이탈리아 미드필더 주전자리를 차지했다. 수비 뒷공간을 노리는 정교한 롱패스는 한 번에 발로텔리, 카사노에게 연결되었고, 이는 가장 단순하면서도 확실한 전술이었다.

▲ 정교한 롱패스로 건재함을 뽐내며 중원을 지배한 이탈리아 피를로

 스페인은 예상대로 경기 초반부터 압도적인 점유율을 유지했다. 최전방에도 미드필더 파브레가스를 세우는 제로톱 전술을 들고 나와 패스의 속도, 정확도는 더욱 올라갔다. 전반 11분 실바가 슈팅을 시도했고, 전반 30분 이니에스타가 발리 슈팅을 날리며 선제골을 노렸지만 부폰의 선방에 막혔다. 스페인은 상대 진영에서 빠르고 정교한 패스를 주고받으며 주도권을 잡고 있었다.
 하지만 수비 위주의 축구가 재미없다는 편견을 깬 건 이탈리아였다. 이탈리아는 밀집 수비로 안정적인 경기를 이어갔지만, 위협적인 장면도 여러 번 만들었다. 전반 13분 피를로의 프리킥을 시작으로 34분 카사노, 36분 마르키시오의 슈팅도 스페인의 골문을 노렸다. 전반 종료 직전에는 화끈한 난타전이 펼쳐졌다. 전반 44분 이니에스타의 하프발리슈팅이 크로스바를 넘어갔고, 뒤이어 티아고 모타의 헤딩 슈팅은 카시야스가 막아냈다. 0대 0. 골은 터지지 않았지만, 창과 방패의 불꽃 튀기는 대결은 장군멍군이었다.

후반전은 스페인 델 보스케, 이탈리아 프란델리 감독의 지략 싸움이 빛났다. 중원을 확실히 장악하고 천천히 상대의 숨통을 조이는 스페인. 거친 압박과 수비에서 공격으로 한 번에 넘어가는 역습을 노리는 이탈리아. 두 나라 모두 조직력이 뛰어났고, 집중력이 최고 수준이었기에 쉽사리 골은 터지지 않았다. 그리고 이 팽팽한 흐름을 먼저 깬 쪽은 이탈리아였다. 바로 디나탈레가 주인공이었다.

▲ 스페인 대 이탈리아, 창과 방패의 승부는 결국 1대 1이었다.

디나탈레는 후반 7분 결정적인 일대일 상황에서 주춤거리다가 슈팅조차 하지 못한 발로텔리와 교체되어 그라운드에 들어왔다. 후반 16분 피를로의 절묘한 스루패스가 오프사이드 트랩을 깼고, 디나탈레는 뛰어 나오는 카시야스의 위치를 확인하고 침착하게 골대 오른쪽을 노리며 선제골을 넣었다. 순식간에 1대 0으로 달아난 이탈리아는 승기를 잡았다. 유로2012 조별 예선 10경기에서 2골밖에 내주지 않으며 최소 실점을 기록한 이탈리아에게 선제골을 내준 것은 재앙이나 다름없었다.

하지만 스페인은 티키타카를 포기하지 않았고, 결국 동점골도 그들의 색깔로 만들어냈다. 후반 19분, 7명이 모여 있는 이탈리아 골문 앞을 뚫는 데는 이니에스타, 실바, 파브레가스 3명이면 충분했다. 깔끔한 원터치 패스, 2대 1 패스로 파브레가스는 일대일 기회를 잡았고, 마치 패스를 하듯 침착한 슈팅으로 동점골을 성공시켰다. 이후 스페인은 토레스를 투입했지만 부폰의 선방에 막히며 아쉬운 기회를 골로 연결하지 못했다.

결국 1대 1 무승부. 승점 1점을 나눠 가지며 경기는 그대로 끝났다. 하지만 경기를 지켜본 팬들은 모두 유로2012 최고의 경기라고 극찬하며, 축구의 진정한 재미를 찾았다. 악의적인 태클이나 불필요한 몸싸움도 없었다. 일부러 시간을 끌거나 다이빙으로 반칙을 유도하는 장면도 없었다. 그저 공격과 수비, 자신들의 장점을 극대화해 서로와 맞붙었고 이는 자연스럽게 명승부로 이어졌다.

유로 2012 우승국 스페인, 2006 월드컵 우승국 이탈리아는 소문난 잔치에서 그 이상의 먹을 것을 준비했고, 아름다운 90분을 팬들에게 선물했다. 두 나라 모두 무난하게 예선을 통과했고, 결승까지 진출했다. 스페인은 프랑스, 포르투갈을 꺾었고, 이탈리아는 잉글랜드, 독일을 물리치고 결승에 올랐다. 비록 스페인의 4대 0으로 싱겁게 끝났지만, 스페인과 이탈리아는 2012년을 대표하는 전술의 완성을 선보였고 이런 흐름은 한동안 계속되었다.

7. **토탈싸커 대 티카타카. 신구 조화에 성공한 네덜란드의 화끈한 대설욕전!**

▲ 네덜란드 로벤의 부활과 스페인 카시야스의 몰락

2010년 남아공 월드컵 결승전 상대가 2014년 브라질 월드컵 B조 첫 경기에서 만났다. 결과는 네덜란드의 완벽한 설욕전이었다. 사실 경기 시작 전 스페인의 우세가 점쳐졌다. 다비드 실바, 안드레이 이니에스타, 사비 에르난데스, 사비 알론소 등 화려한 미드필더 라인은 리그 경기에서 여전히 맹활약을 펼쳤다. 월드컵 우승 패치를 달고 경기를 뛰는 스페인의 주전 대부분은 큰 경기에 강한 모습을 보였기에 첫 경기도 우려보단 기대가 컸다. 게다가 35경기 27골을 넣으며 아틀레티고 마드리드를 우승으로 이끈 디에고 코스타가 귀화하며 원톱 고민도 해결했기 때문이다. 스페인식 티키타카와 파괴력 있는 정통 스트라이커 디에구 코스타가 더해질 때 뿜어져 나올 파괴력이 첫 경기의 화두였다. 반면 유로2012 조별리그 3패 전패 탈락을 기록한 네덜란드는 과감히 세대 교체를 진행했다. 루이스 판할 네덜란드 감독은 특히 수비진에 스테판 데 브리(92년생), 브루노 마르틴스 인디(92년생), 데일리 블린트(90년생) 등 어린 선수를 대거 기용하며 조직력을 담금질했다.

경기 초반 네덜란드의 어린 수비진은 월드컵이란 큰 무대에 쉽게 적응하지 못하며 위태로운 모습을 보였다. 브라질 월드컵 유럽예선 10경기에서 단 5실점만 내준 탄탄한 수비진이었지만 월드컵 무대, 게다가 지난 대회 우승팀 스페인을 상대로는 불안한 모습을 보였다. 경험 부족 탓인지 패스나 걷어내는 상황에서 아쉬운 장면이 연출되며 스페인에 흐름을 내주었다.

게다가 전반 26분 디에고 코스타에게 반칙을 범하며 뼈아픈 페널티 킥을 내주었다. 페널티 키커로 나선 사비 알론소는 낮고 빠른 슈팅으로 가볍게 선취 골을 기록했다. 하지만 토탈 사커 네덜란드는 4년 전과 달라졌다. 반 페르시, 아르엔 로벤 등 베테랑들이 이끄는 공격진은 어린 수비진의 짐을 덜어주었다. 전반 44분 동점골은 반 페르시의 머리에서 나왔다. 하프라인 부근에서 블린트가 중앙 수비수 라모스-피케와 골키퍼 카시야스 사이로 절묘하게 롱패스를 올렸고, 반 페르시는 주저 없이 몸을 날리며 다이빙 헤딩 골을 기록했다. 최장거리 헤딩 골로 기록될 정도로 아름답고 역동적인 골이었다.

▲ 반 페르시의 환상적인 헤딩 동점 골

후반전은 완벽한 네덜란드의 잔치였다. 촘촘한 수비진은 뒷공간을 잘 지켰고, 빠르고 정확한 롱패스를 시도했다. 스피드가 빠르고, 골 결정력이 뛰어난 공격진은 기회를 놓치지 않았다. 이번에도 출발은 블린트의 로빙 패스였다. 후반 8분 로벤은 침착하게 트래핑하며 수비수를 제쳤고, 자신의 주특기인 왼발 슈팅을 뽐내며 역전에 성공했다. 스페인 수비수는 많았지만 제대로 로벤을 마크하는 선수는 아무도 없었다. 2번째 실점 이후 스페인은 급격하게 무너졌고, 스페인의 정신적 지주 카시야스는 더욱 흔들렸다.

후반 19분 스네이더의 프리킥이 높게 날아왔고 카시야스는 낙하지점 예측에 실패해 펀칭을 제대로 하지 못했다. 공은 그대로 달려드는 스테판 데 브리에게 이어졌고 그대로 스코어는 3대 1로 벌어졌다. 4번째 실점은 더욱 충격적이었다. 라모스가 카시야스에게 백패스를 연결했다. 하지만 카시야스는 미끄러운 잔디 탓인지 트래핑 실수를 범했고, 반 페르시는 가볍게 공을 뺏어 네 번째 골을 성공시켰다.

마지막 골은 로벤의 완벽한 개인기가 돋보였다. 만회 골을 노리는 스페인은 라인을 상당히 올린 상태였다. 로빙 패스는 스페인 뒷공간으로 넘어갔고 로벤은 후반 35분에도 지치지 않는 빠른 발을 자랑하며 앞서 있던 라모스를 제쳤다. 피케와 라모스는 곧바로 로벤에게 붙었고, 카시야스까지 일대일 위기를 막기 위해 뛰어 나왔다. 하지만 경험이 많은 로벤은 가볍게 골키퍼를 제치고 여러 수비수를 무력하게 만들며 마지막 쐐기를 박았다.

충격적인 결과였다. 브라질 월드컵 유럽 예선에서 10경기 3실점밖에 허용하지 않은 스페인은 한 경기 만에 실점 기록을 넘어섰다. 네덜란드는 1998년 프랑스 월드컵에서 한국을 상대로 5골을 넣은 이후 처음으로 5득점 경기를 만들었고, 반대로 스페인은 1963년 스코틀랜드와 A매치에서 2대 6으로 진 뒤 51년 만에 5실점을 기록했다. 게다가 2010년 남아공월드컵 16강전부터 4경기 433분 무실점 선방을 기록한 주장 카시야스의 몰락은 매우 안타까웠다. 57%의 볼 점유율을 기록한 스페인은 무기력하게 1대 5로 무릎을 꿇었다.

"10대에도 뛰어난 선수가 있고, 30세가 되어도 노련하지
못한 선수가 있다"
-루이스 반할

네덜란드 루이스 반할 감독은 어리더라도 실력을 가장 중요시했고 이는 대성공을 거두었다. 오로지 실력 위주로 선수를 선발했고 어린 선수를 중용하는 모험도 주저하지 않았다. 결국 스페인(28.24세)보다 평균 연령이 2살 어린 네덜란드(26.46세)는 지난 대회 우승팀을 강력하게 몰아붙이며 화끈하게 경기를 마무리했다. 패기 넘치는 수비, 노련한 공격이 적절히 조화된 네덜란드는 2014년 브라질 월드컵의 열기를 더욱 달아오르게 했다.

▲ 2010년 월드컵 결승 패배의 아픔을 확실히 설욕한 네덜란드의 로벤

8. 감정적인 브라질을 압도한 이성적인 독일. '미네이랑의 참극'을 선물하다

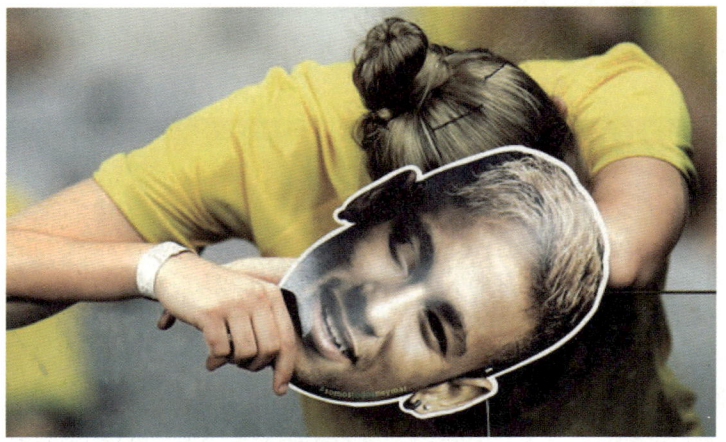

▲ 네이마르의 빈자리는 너무나 컸다.

지독히도 브라질을 따라다니던 '마라카낭의 비극'은 완벽히 잊혀졌다. 1950년 브라질 월드컵에서 우루과이에 역전패를 당하며 우승을 놓친 경기가 바로 '마라카낭의 비극'이었다. 하지만 이제 사람들의 뇌리 속에는 '미네이랑의 참극'만이 남을 것이다. 슬프기만 한 것이 아니라 끔찍하다는 표현이 더 어울릴 정도다. 1대 7. 무려 6점 차의 패배였다. 안타까운 대패의 주인공은 사우디아라비아(2002년 월드컵 독일전 0대 8), 북한(2010년 월드컵 포르투갈전 0대 7)이 아닌 축구의 나라 브라질이었다. 1938년 이후 6번의 준결승에서 모두 승리하며 결승 진출에 성공했던 명성은 깨끗이 사라졌다. 야구 경기에나 어울릴 법한 1대 7이란 스코어에 브라질 국민은 물론 전 세계가 놀랐다. 피파 랭킹 2위, 3위 간의 경기, 남미와 유럽을 대표하는 최강자. 독일과 브라질의 맞대결에서 이렇게 일방적인 결과가 나올 것이라고는 독일 팬조차 상상하지 못했다. 하지만 냉정한 독일은 압도적으로 강했고 끈질겼으며, 뜨거웠던 브라질은 제풀에 꺾이며 재앙이나 다름없는 대패를 당했다.

경기 전 브라질은 네이마르의 유니폼을 들고 단체 사진을 찍었다. 콜롬비아전에서 수니가의 반칙으로 척추 부상을 입은 그를 생각하며 함께 뛰겠다는 의미였다. 축구에 광적으로 흥분하는 브라질 마피아는 선수 생명을 앗아갈 뻔한 악의적인 반칙을 범한 수니가를 살해하려는 위협까지 할 정도였다. 그만큼 네이마르는 브라질 축구의 단순한 에이스 그 이상, 현재이자 미래를 상징하는 선수였다. 스콜라리 감독과 나머지 선수들은 하나같이 인터뷰에서 네이마르의 쾌유와 월드컵 우승을 기원하며 자신감을 내비쳤다. 뜨거운 감동의 순간만큼이나 우승에 대한 동기부여도 확실했다. 사상 최대 규모의 예산인 110억 달러를 투자한 월드컵 유치에 반대 시위도 번졌다. 공공복지, 교육에 투자할 돈을 스포츠

이벤트에 낭비한다는 비판과 함께 전국적으로 갈등이 증폭되었다. 이를 잠재울 유일한 방법은 안방에서 열리는 월드컵에서 화려하게 우승하며 국민들에게 기쁨을 선사하는 것뿐이었다. 하지만 대망의 4강은 게리 리네커의 명언 그대로였다.

▲ 7실점 후 망연자실한 브라질의 루이즈, 단테

"축구는 간단하다. 22명이 싸우고 결국엔 독일이 이기는 스포츠다."

-게리 리네커

개최국 브라질의 희망은 전반 30분 만에 처참히 산산조각이 났다. 네이마르의 부재와 조국의 부흥을 위한 뜨거운 감정은 오직 승리를 위해 철저히 준비한 독일의 차가운 이성에 무너졌다. 토너먼트의 강자 독일은 역시 세트피스로 첫 단추를 끼웠다. 전반 11분 토니 크로스가 올린 공을 토마스 뮐러가 오른발 슛으로 마무리했다. 독일은 전반 초반 공격적으로 라인을 올린 브라질의 공세를 가볍게 막아내고 한 방에 브라질 수비를 무너뜨렸다. 부담감이 지나치게 컸을까? 브라질은 먼저 실점을 내주며 조급해지기 시작했다.

반면 여유를 찾은 독일은 특유의 게겐 프레싱(최전방부터 시도하는 강한 압박)으로 브라질의 실수를 유발했다. 전반 23분 크로스와 뮐러가 패스를 주고 받으며 클로제에게 기회를 만들어 주었다. 첫 슈팅은 가까스로 세자르가 막았지만 두 번째 슈팅까지 막기에는 무리였다. 월드컵 통산 16골을 기록하는 역사적인 순간에 아이러니하게도 상대는 15골로 동률을 이르던 호나우도의 조국 브라질이었다.

1분 뒤에는 람의 크로스를 마무리한 토니 크로스의 깔끔한 논스톱 중거리 슈팅으로 3대 0으로 벌어졌다. 브라질 미드필더의 압박은 실종되었고, 수비진의 집중력은 최악이었다. 곧바로 2분 뒤 페르난지뉴가 위험 지역에서 공을 빼앗겼고, 크로스가 케디라의 도움을 받아 4번째 골로 연결했다. 그리고 전반 29분 외질의 패스를 이어받은 케디라의 추가 골까지 터지자 5만 8천 명이 모인 경기장은 차디찬 정적이 흘렀다.

초반에 무너진 브라질은 하미레스, 파울리뉴를 후반전 시작과 동시에 교체 투입하며 반격을 준비했다. 0대 5로 스코어가 벌어졌지만 한 골이라도 따라잡기 위해서 차근차근 공격을 준비했다. 하지만 독일의 진정한 강점은 '수비'였다. 점수 차가 제법 나고 경기가 이미 기울었지만, 그들은 방심하지 않고 차분하게 자신만의 경기를 펼쳤다. 훔멜스와 보아텡은 높이와 힘을 바탕으로 빠르게 파고드는 브라질을 막아냈고, 최후방에는 최종 수비수 역할까지 수행하는 골키퍼 노이어가 있었다.

▲ 홈팀 브라질을 충격에 빠트린 화끈한 독일 대표팀

노이어는 후반 초반 오스카, 파울리뉴와의 결정적인 1대 1 장면에서도 슈퍼세이브로 독일의 골문을 지켰다. 게다가 골키퍼치고는 놀라운 활동량(5.7km)을 선보이며 적극적으로 브라질 공격을 끊어냈다. 축구 최강 브라질을 상대로 철저한 준비로 팀을 꾸린 뢰브 감독은 냉철했다. 개인 득점 신기록을 세우며 추가 골을 노릴 수 있는 클로제를 과감하게 빼고 특급 조커 쉬얼레를 투입했다. 기대에 부응하듯 쉬얼레는 후반 24분 람의 패스를 깔끔하게 마무리하며 6대 0으로 브라질을 무너뜨렸다. 게다가 10분 뒤 뮐러의 패스를 이어받아 왼발 슈팅으로 브라질의 골망을 흔들며 화룡점정을 찍었다. 후반 45분 오스카가 만회 골을 터뜨렸지만, 이미 승부의 추는 기운 지 오래였다.

2002년 월드컵 결승전의 행복한 주인공은 브라질이었다. 하지만 2014년 브라질은 가장 비참하고 슬픈 주인공이 되었다. 변명의 여지가 없는 절망적인 패배였다. 에이스 네이마르가 없었고, 수비의 핵 티아고 실바가 경고 누적으로 나오지 못했다지만 7골이나 내주며 무너질 만큼 경험과 전통이 없는 나라가 아니었다. 반드시 우승해야만 한다는 중압감과 실점을 만회해야 한다는 부담감이 오히려 브라질의 발목을 잡았다.

6골 차 패배의 충격이 채 가시지 않았는지 네덜란드와의 3, 4위 결정전에서도 0대 3 패배를 당하며 차라리 16강 칠레와의 승부차기에서 떨어진 게 나을 뻔했다는 조롱까지 들었다. 반면 독일은 완벽했다. 결승에서 메시가 이끄는 남미의 자존심 아르헨티나까지 1대 0으로 물리쳤다. 2002년 한일 월드컵 이후 4회 연속 월드컵 4강에 올랐지만 한 번도 우승컵이 없었던 독일은 '녹슨 전차'라는 혹평을 이겨내고 한 단계 높은 수준의 축구를 선보였다.

독일이 가장 무섭고 강력했던 점은 점수차가 벌어지고 있는데도 경기에 임하는 자세가 흐트러지지 않았다는 것이다. 경기 종료 직전 1골을 먹히고, 무려 6골이나 차이가 나는 상황에서 불같이 화를 내며 분해하는 독일 골키퍼 노이어의 모습에서도 독일의 강점을 알 수 있었다. 브라질을 꺾은 독일은 축구의 신 메시가 이끄는 아르헨티나마저 1대 0으로 이기며 남미 대륙에서 처음 월드컵 우승을 차지한 유럽 국가가 되었다. 후반 8분 괴체의 발리 슈팅이 골문을 여는 순간 독일 축구의 꾸준한 투자는 결실을 맺었다.

▲ 무려 7번째 골을 터뜨린 독일 미드필더 쉬얼레

"우리는 10년 전부터 오늘을 준비했다."
- 요한 뢰브

뢰브 감독은 한마디로 독일의 우승을 요약했다. 풀뿌리 축구를 표방하며 평균 관중 1위를 놓치지 않는 탄탄한 자국 리그, 1조원에 달하는 투자가 계속된 유소년 육성 프로그램, 끊임없이 공부하는 감독과 팀을 위해 헌신하는 선수, 최신 빅데이터를 활용해 과학적으로 상대를 분석한 최신 프로그램. 월드컵 4회 우승은 단순히 운이 아닌 철저한 준비의 결실이란 걸 증명한 독일의 완벽한 승리, 그 전주곡은 브라질 전의 승리에서 이미 찾을 수 있었다.